돌봄의 철학

ON CARING

밀턴 마이어로프 지음
이수영 옮김

돌봄의 철학

돌봄이란
무엇인가

ON CARING

그 근원적
질문에 관하여

민들레

나의 아버지와 어머니,

제이콥과 버사 마이어로프를

추모하며

어쩌면 크나큰 사랑에 관한 이야기

이 책은 작지만, 안에 담긴 의미가 꽤나 묵직합니다. 1971년 미국에서 처음 출간되었는데, 우리보다 앞서 저출산 고령화를 경험한 일본에서는 1987년에 『케어의 본질』이란 제목으로 번역 출간되어 널리 읽혔다고 합니다. 영어 '케어care'는 라틴어 '쿠라cura'에서 유래한 말로 '근심, 불안' 또는 '관심, 돌봄, 배려'라는 의미를 지니고 있습니다. '근심이자 관심'이라는 상반된 두 의미에 돌봄을 바라보는 우리의 시선이 그대로 담겨 있는 듯합니다.

출간된 지 50년도 더 지난 이 책을 국내에 소개하는 까닭은, 지금이야말로 우리에게 '돌봄의 철학'이 필요한 때가 아닌가 싶어서입니다. 초고령 사회에 진입한 한국에서 '죽어야 끝나는' 돌봄에 대한 부담은 점점 커지고 있습니다. 노인 돌봄만이 아닙니다. 자녀 수는 줄었지만 맞벌이 부부, 한부모 가정, 핵가족 증가에 지역공동체 해체라는 현실까지 더해져 아이 돌보는 일도 너무나 어려워졌습니다.

사실상 우리 사회에는 취약하지 않은 세대가 없습니다. 젊고 건강해서 모든 세대의 돌봄을 책임질 것만 같던 청년층마저 취업난과 정서적 어려움을 겪으며 취약 계층으로 분류된 지 오래입니다. 위아래 세대를 동시에 보살피며 이 사회의 허술한 돌봄 체계를 지탱하는 것은 40~50대 중년들입니다. 미처 독립하지 못한 자녀와 날로 쇠약해지는 부모를 이중으로 돌보는 이들에게, 노화의 문턱에 들어선 자신을 돌보는 일은 뒷전이 될 수밖에 없습니다. 스스로를 돌봐야 하는 1인 가구도 전체 인구의 33%를 넘어섰습니다.

돌봄의 필요성은 나날이 커지고 있지만, 정작 본질을 놓친 채 껍데기만 확장되는 것은 아닌가 염려가 됩니다. '돌봄'이 정책 용어로 등장하면서 단순히 국가가 제공하는 복지 서비스 정도로 간주되는 가운데, 돌봄에 대한 우리의 인식 또한 여전히 모순적입니다. 오늘날 돌봄은 누구에게나 필요하지만 아무도 하고

싫어 하지 않는 '허드렛일'처럼 여겨집니다. 누군가를 돌보는 일을 부담스러워하고, 거기에 들이는 시간을 아까워하며 되도록 '외주화'하려 합니다. 외주화된 노동 시장에서 돌봄 노동자들이 겪는 열악한 처우에도 돌봄을 하찮게 여기는 사회적 인식이 드러납니다. 세상이 많이 변했다곤 하지만 젠더 관점에서 살펴본 돌봄은 여전히 가족, 그중에서도 여성의 몫으로 전가되고 있는 것이 현실입니다. 돌봄에 대한 논의는 요란하지만, 정작 돌본다는 것이 무엇인지 그 본질에 대한 깊이 있는 담론이 없는 현실을 보면서 이 책을 우리 사회에 꼭 소개해야겠다 싶어 출간을 서둘렀습니다.

* * *

마이어로프는 돌봄을 삶의 본질적 과정으로 바라보며, 타인을 돌보는 일이 곧 자신을 돌보는 일로 연결됨을 이야기합니다. 사람을 돌보는 것을 넘어 철학자가 사상을, 예술가가 작품을 돌보는 것 또한 돌봄의 본질에 닿아 있음을 꿰뚫어 봅니다. 돌봄을 '다른 존재를 성장시키는 관계'이자 '자신을 보다 깊이 이해하는 자아실현의 과정'이라고 역설합니다. 이를테면 우리는 누군가 또는 무언가를 진심으로 돌본 경험을 통해서 자신의 삶이 어디를 향하고 있는지 또렷이 자각하게 됩니다. 아이를 키우며 보다 성숙한 자신을 갈망하고, 학생을 가르치며 관계의 놀라운 힘을 깨닫고, 반짝 떠오른 아이디어를 발전시켜 새로운 무언가를 만들어 내며 기쁨을 경험합니다. 그 과정에서 우리는 함께 흔들리며 성장합니다. 마이어로프가 말하듯, 돌봄 속에서 우리의 삶은 깊어지고 우리는 의미 있는 존재로서 '제자리'에 머무르게 됩니다.

이 책 속의 몇몇 문장에는 자녀 돌봄의 주체로 아버지가 등장합니다. 돌봄을 여성, 특히 어머니의 '자연스러운 본능'으로 이해하던 당시의 인식과 구별하기 위해 마이어로프는 의도적으로 돌봄의 주체로 '아버지'를 내세웁니다. 페미니스트 연구자들은 이를 두고 여성들이 돌봄을 떠맡던 현실을 외면하고 아버지의 돌봄을 어머니의 돌봄보다 가치 있게 여긴다고 비판하기도 했지만, 마이어로프는 돌봄이 성 역할을 떠나 누구나 익혀야 할 삶의 태도라고 생각했던 것 같습니다. 당시 돌봄에서는 잘 보이지 않던 남성을 돌봄의 주체로 호명함으로써 오히려 젠더와 돌봄의 고정관념을 깼다고 해석할 수도 있지 않을까 싶습니다.

그가 말하는 돌봄의 본질을 이해하려 애쓰다 보면, 어쩌면 이것은 크나큰 사랑에 관한 이야기이자 새로운 존재 방식에 대한 사유가 아닐까 하는 생각에 다다릅니다. 시 같기도 하고 명상록 같기도 한 작고 낡은 철학서를 곱씹어 읽으며, 오래전 누구도 돌보지 않던 '돌봄'에 천착해 새로운 의미를 탄생시킨 저자에게 고마운 마음이 들었습니다.

그가 남긴 이 한 권의 책은 넬 나딩스, 캐롤 길리건 등 여러 학자들이 돌봄 이론을 세우는 데에도 중요한 역할을 했습니다. 국내에서는 정식 출간된 적 없는 이 책을 임의로 번역해 간호학, 윤리학, 교육학, 심리학, 신학 등에서 널리 학습과 연구 자료로 쓰고 있으니, 그가 남긴 한 권의 책에 담긴 돌봄의 의미는 이토록 묵직합니다.

책을 읽으며 돌봄으로 빚어진 관계가 서로를 어떻게 변화시키는지, 지금 나는 누구의 성장을 돌보며 살아가고 있으며 자신을 어떻게 돌보고 있는지 살피는 시간이 되었으면 합니다. 돌봄을 누가 맡을 것인지 논쟁하는 사이 우리가 놓쳐 버린 질문, '돌봄이란 무엇인가' 더 나아가 '좋은 돌봄이란 무엇인가'를 함께 논할 수 있으면 좋겠습니다. 길을 잃고 헤매는 오늘날의 돌봄이 '제자리'를 찾는 데 이 책이 조금이라도 도움이 되기를 바랍니다.

2026년 1월

장희숙(편집장)

차례

한국어판 서문 _ 6
들어가며 _ 17

1부 돌봄, 상대의 성장을 돕는 일
돌봄의 기본 양상 _ 23
사람의 성장과 관념의 성장 _ 30

2부 돌봄의 주요 요소
앎 _ 37
리듬 _ 40
인내 _ 43
정직 _ 45
신뢰 _ 48
겸손 _ 52
희망 _ 56
용기 _ 59

3부 돌봄의 다양한 측면
돌봄을 통한 자기 실현 _ 63
과정의 중요성 _ 66
돌보는 능력과 돌봄을 받는 능력 _ 69
상대의 항상성 _ 71
돌봄에서의 죄책감 _ 72
보답 _ 74
돌봄의 정도와 한계 _ 77

4부 사람을 위한 돌봄의 특징
다른 사람을 돌보는 일 _ 83
나 자신을 돌보는 일 _ 92

5부 삶에 질서와 의미를 부여하는 돌봄
다른 가치들에 질서를 부여하는 돌봄 _ 97
나를 '제자리'에 존재하게 하는 돌봄 _ 101
나의 '적절한' 상대를 돌본다는 것 _ 107
내 삶의 의미를 산다는 것 _ 113

6부 돌봄을 통해 질서가 부여된 삶의 주요 특징
기본적인 확실성 _ 121
그 자체로 충분한 삶의 과정 _ 128
이해 가능성과 이해 불가능성 _ 132
자율 _ 137
믿음 _ 145
감사 _ 148

감사의 말 _ 153
옮긴이의 말 _ 154

나와 별개의 존재인 다른 이들의 성장을 돕는 관계를 어느 정도까지 만들어낼 수 있는가, 그것이 내가 내 안에서 이루어온 성장의 척도이다.

– 칼 로저스Carl R. Rogers

진정한 아버지가 되려면 창조자가 되어야 한다. 자신의 모습대로 빚어내려 하지 말고, 자신이 창조한 무언가가 꽃피길 바라야 한다. 진정한 아버지는 예술가가 되어야 한다. 그렇지 않으면, 자식을 자신과 똑같이 만들려고 함으로써 인간의 창조적 정신을 갉아먹는 사람이 된다.

– 그레고리 질부르그Gregory Zilboorg

어떤 주제에 관한 아이디어는 진실로 창조적인 음악성의 산물이다. 그것은 살아 있는 생명이며 고유의 특성을 지닌다. 그것을 다듬고 형상화하고 발전시킬 때는 그 본성을 존중해야 하며, 독단적인 방식으로 밀어붙이면 안 된다. 위대한 작곡가는 떠오른 주제에 폭군처럼 굴지 않는다. 선견지명이 있는 아버지처럼 그 주제의 개성적 발전을 암시하는 징후들을 관찰한다. 그리고 이러한 징후들이 자신의 창조적인 상상력에 밑거름을 주고 이끌어 가게 한다.

– 브루노 발터Bruno Walter

한 권의 책은 완성되는 동안 자체의 생명력을 갖는다. 그만의 법칙이 생기고, 얼마 지나면 당신의 피조물이 된다. 마치 반려동물의 주인이 된 느낌이 든다. 나는 작품을 대했던 내 태도에 부끄러움 같은 것을 자주 느낀다. 나는 작품이 형편없다고 말하지 않고 나빴던 건 나라고 말할 것이다. 작품은 진정 내 소유물이 아니었던 것 같다. 그것은 자식처럼 내가 길러낸 어떤 것이다. 독자들이 짐작하듯, 나는 내 소설 속에 어떤 아름다움이 숨어 있는지 안다. 하지만 소설을 다 끝낸 뒤, 내가 알고 있는 그 아름다움을 독자들은 알지 못할 거라고 생각할 때가 종종 있다. 내가 그 아름다움을 표출하는 데 성공하지 못한 것이다. 매우 이상하게도, 내가 소설을 실망시킨 기분이 든다. 내 임무를 완수하지 못한 빚을 진 느낌이다.

– 노먼 메일러Norman Mailer

형이상학적인 얘기를 하려는 건 아니지만, 그림을 그리다 보면 그림 자체가 특정한 요구를 해오는 때가 있다. 그 요구에 예민하게 반응하지 않으면 훌륭한 그림을 손에 넣을 수 없다. 그림은 분명 생명체이다.

– 벤 샨Ben Shahn

우리는 쓸모 있기를 바란다. 우리는 어떤 것을 필요로 하는 데 그치지 않고, 누군가 우리를 필요로 한다는 데에서 동기부여를 얻는다.… 아무도 우리를 필요로 하지 않을 때 우리는 초조해진다. 스스로를 '불완전'하고 '미완성'이라고 느끼기 때문이다. 우리는 이런 관계들 속에서 그리고 이런 관계들을 통해서 완성될 수 있을 뿐이다. 우리는 우리에게 부족하고 필요한 것을 탐색하려 한다. 더 나아가 우리를 필요로 하고, 우리에게서 무언가를 원하는 그것을 찾아내려 한다.

– 안드라스 앙얄Andras Angyal

사람은 자신이라는 존재의 구체적인 의미를 실현하는 정도까지만 스스로를 실현하게 된다.… 한 존재가 실현해야 하는 의미는, 자신을 넘어서는 어떤 것이지, 결코 자신과 같은 게 아니다.

– 빅터 프랭클Viktor E. Frankl

다른 사람을 돌본다는 것은 가장 중요한 의미에서, 그가 성장하고 자신을 실현하도록 돕는 일이다. 예를 들어, 아버지가 자식을 돌본다고 하자. 그는 아이가 고유한 권리를 가진 존재로서 성장하기 위해 힘쓰는 모습을 존중한다. 아이가 아버지를 필요로 함을 느끼고, 성장하려는 아이의 욕구에 발맞추어 성장하도록 아이를 돕는다.

돌봄은 다른 사람을 이용해 자신의 욕구를 충족시키는 것과는 정반대에 놓여 있다. 여기서 말하고자 하는 돌봄의 의미를 잘되기를 바라고, 좋아해주고, 어르고, 뒷바라지하고, 또는 단순히 무슨 일이 생겼는지 관심을 갖는다는 그런 의미와 혼동해서는 안 된다.

또한 돌봄은 단발적인 감정이나 일순간의 관계가 아니다. '누군가를 보살피고 싶다'는 소망의 문제도 아니다. 돌봄은 타인이 성장하고 스스로를 실현하도록 돕는 일로서, 누군가와 관계를 맺는 과정이자 방식이다. 거기에는 발전이 따른다. 서로 믿고, 관계가 깊어지고 질적으로 변화하는 시간 속에서 우정이 생기는 것과 마찬가지이다. 자식을 돌보는 부모, 학생을 아끼는 교사, 내담자를 보살피는 심리치료사, 아내를 사랑하는 남편, 이들 사이에는 분명 중요한 차이점이 있지만 이들 모두가 공통된 양상을 보인다. 나는 이 점을 드러내 보이고자 한다.

이런 의미에서, 사람을 돌보는 것 이외에도 우리는 다른 많은 것들을 돌볼 수 있다. 예를 들어 우리는 독창적인 생각(철학적이거나 미적인 관념), 이상 또는 공동체를 돌볼 수도 있다. 그리고 사람을 돌보는 것과 생각을 돌보는 것 사이에 어떤 중요한 차이점이 있든, 여기에도 상대의 성장을 돕는다는 공통된 양상이 나타난다. 내가 설명하고 탐구하고자 하는 것은 바로 이러한 돌봄의 보편적인 양상이다.

한 사람의 인생이라는 맥락에서, 돌봄은 그것을 둘러싼 다른 가치들과 활동들을 돌봄을 중심으로 정돈하는 방식이다. 이 정돈이 종합적으로 이루어질 때, 돌봄의 포괄성 덕분에 그의 삶에는 기본적인 안정감이 생기고, 그는 이 세계에서 '제자리'를 잡을 수 있다. 다시 말해, '제자리에서 벗어나' 있거나 '잘못된 자리'에서 도망치려 하거나 '자기 자리'를 찾아 끝없이 헤매지 않게 된다.

특정한 대상들을 돌보고 보살피면서 우리는 자기 삶의 의미를 살아간다. 누군가가 이 세계에서 편안히 존재한다고 말할 수 있다면, 그것은 그가 무언가를 지배하거나 설명하거나 평가하는 걸 통해서가 아니라, 돌보고 돌봄을 받음으로써 편안히 존재한다는 뜻이다.

이 작은 책은 서로 연관된 두 주제를 다룬다. 돌봄에 대한 포괄적인 서술, 그리고 돌봄이 한 사람의 삶에 어떻게 종합적인 의미와 질서를 부여하는가에 대한 설명이다. '돌봄'과 '제자리에 존재하기'라는 두 개념은, 인간의 조건에 관한 유의미한 사고방식을 제공하며, 더 중요하게는 우리가 자신의 삶을 더욱 잘 이해할 수 있게 도울 것이다. 이 개념들이 인간에 관한 중요한 것들을 모두 설명할 수는 없겠지만, 가장 중요한 것 가운데 일부를 이해하도록 도울 수는 있으리라 믿는다.

1부

돌봄,
상대의 성장을
돕는 일

돌봄의 기본 양상

성장을 돕는 돌봄에서 나는 내가 아끼는 대상이 사람이든 또는 이상이나 관념이든 그 대상을 나 자신의 확장으로 받아들이는 동시에 나와는 다른, 그 자체로 고유한 무엇으로서 존중한다.

상대가 나의 일부라는 이 느낌은, 타인에 대한 병적인 의존이나 어떤 신념에 대한 교조적인 집착 같은 기생적 관계에서 발견되는 유착과는 다르다. 이러한 의존과 집착 관계에서는 상대를 그 자체로 독립적인 존재로 느낄 수 없고, 그에 진심으로 응답할 수도 없기 때문이다.• 어떤 신념에 교조적으로 집착한다면, 너무 밀착된 탓에 그 신념과 나 자신을 별개로 느낄 수가 없다. 그 신념이 참인지 거짓인지 판단하는 것은 고사하고, 그것이 무얼

• 저자는 돌봄의 보편적인 적용성을 드러내기 위해 돌봄의 대상을 사람으로 한정하지 않고 'the other'라는 폭넓은 단어로 표현하고 있다. 이 글에서는 '상대'로 옮겼지만, 사람에 대한 돌봄을 이야기할 때는 '타인'으로 옮기기도 했다. _옮긴이 주

의미하는지도 제대로 알아챌 수 없다.

돌봄에서 생기는 상대와의 결속감은, 기생적 관계에서 발견되는 유착과는 또 다른 면에서 차이가 있다. 기생적 관계에서는 상대를 지배하고 소유하려고 하지만 돌봄 관계에서는 상대가 자기 나름의 방식으로 또는 흔히 말하듯 '본연의 모습대로' 성장하기를 바란다. 나는 상대의 성장이 나 자신의 행복감과 결속되어 있다고 느낀다.

내 욕구를 충족시켜 주기 때문에 가치가 있는 것들도 있다. 그러나 돌봄 관계의 상대에게는 그것을 뛰어넘는 가치가 있다. 부모에게 자식은 부모의 욕구를 충족시켜 줄 능력이 있든 없든 그 자체의 가치를 지닌 존재다. 음악을 하는 이에게 음악이란, 음악이 그에게 무엇을 줄 수 있는지를 떠나 그 자체의 가치를 지닌 것으로 느껴진다. 한마디로, 나는 내가 아끼는 대상이 그 자체로서 가치를 지닌다고 느낀다.

돌봄 속에서 나는 그 대상이 잠재력과 성장의 욕구를 지니고 있음을 경험한다. 예를 들어 어떤 아이디어가 있으면 그것이 자기 생명력을 가지고 살아 움직이며 성장하는 게 느껴진다. 또한 그 아이디어가 성장하기 위해 나를 필요로 한다고 느낀다. 우리는 가끔 다른 사람이나 어떤 대의 혹은 이상이 우리를 필요로 한다고 느낀다. 이는 그 대상에게 충족되어야 할 욕구가 있고 내가 그 욕구를 충족시킬 수 있다는 것을 내가 단지 머리로 알고 있다는 의미가 아니다. 상대가 나를 필요로 한다는 느낌은, 내가 권력을 쥐는 관계, 상대가 나에게 지배력을 부여하는 관계가 아니라 일종의 신뢰 관계에서 느끼는 것과 같은 경험이다. 그것은 내 멋대로 소유하거나 조종하는 것과 전혀 다른 방식으로 상대를 돌보도록 위탁받은 것과 같다.

예술가가 자신의 '예술적 아이디어'가 그 나름의 생명력을 갖고서 성장하려 애쓰고, 성장하기 위해 그를 필요로 한다고 느끼는 것은 그 아이디어에 의식과 감정이 있다고 믿는다는 뜻이 아니다. 이는 단지 그가 어떻게 예술 활동을 경험하는지를 묘사하는 표현일 뿐이다. 우리가 작품의 온전성을 존중한다고 말하는 이유가 여기에 있다. 어떤 주택이 '개성'을 지니고 있다고 말하거나 어떤 집을 안식처로 느끼는 것 역시 유사한 의인화에 속한다. 이는 비합리적인 추정으로 우리 인식을 왜곡시키려는 게 아니다. 예술 작품이 예술가의 도움 없이도 성장할 수 있다거나 일정한 인간적 맥락을 벗어나서도 예술 작품이 살아 움직이며 성장을 위해 분투한다고 말할 수는 없다는 걸 잘 안다.

상대가 성장하도록 도우면서 나는 내가 정한 방향을 강요하지 않는다. 오히려 상대가 성장하는 방향이 나를 인도하는 길잡이가 되도록 한다. 그 안내에 따라 내가 무엇을 해야 할지, 어떻게 응답해야 하고 그러한 응답에 적절한 것이 무엇인지를 판단할 수 있다. 나는 상대가 그 자체로 독립적인 존재로서 존중받으려는 욕구를 지니고 있음을 인식한다. 무언가를 탐구할 때 "주제가 이끄는 대로 따른다"고 말하는 것과 같은 이치이다.

상대의 성장이 이끄는 방향성을 '타율적'이라는 말과 혼동해서는 안 된다. 타율적이란 순응, 다시 말해 나 자신뿐 아니라 상대와의 교감을 잃는 것이다. 오히려 그의 성장에 발맞춤으로써 나는 나 자신에게 더욱 잘 응답하게 된다. 마치 음악가가 음악이 요구하는 바에 몰두할 때 자기 자신을 더욱 잘 이해하게 되는 것처럼.

내가 상대를 이끌고자 하는 방향성에는 그의 온전함에 대한 나의 존중이 깃들어 있으며, 그 목표는 상대가 더욱 성장하는 것이다. 나는 내 행동이 실제로 상대의 성장을 돕는지 관심을 기울이고, 그에 따른 판단을 좇음으로써 나의 존중을 드러낸다.

헌신은 돌봄의 핵심이다. 마치 우정의 불가결한 요소가 헌신이듯 나는 상대에게 그리고 거의 예견할 수 없는 미래에 나 자신을 맡긴다. 헌신은 있을 수도 있고 없을 수도 있는 어떤 요소가 아니다. 내가 상대를 돌보면서 헌신적이기까지 하다는 표현은 성립하지 않는다. 헌신이 사라지면 돌봄도 사라진다. 거듭 말하지만, 헌신은 단지 나의 돌봄 정도를 측정하는 잣대가 아니다. 헌신을 통해서만, 상대에 대한 보살핌이 구체적인 실체와 그 고유한 특성을 갖게 된다. 돌봄은 장애물과 고난을 극복하는 과정에서 성장한다.

나의 헌신은 내가 상대에게서 경험하는 가치에 근거한다. 그러한 헌신은 나의 지적인 또는 정서적인 부분을 넘어서 나의 전 인격을 나타내준다. 특정한 시점에서 볼 때 헌신은 내가 상대를 위해 '그 자리에' 있어주는 것으로 드러난다. 있어 '주는' 것은 맞지만 마지못해서가 아니라 정말로 그 자리에 있어 주는 것 말이다. 좀 더 긴 시간의 흐름에서 본다면, 헌신은 일관성 즉 힘든 조건 속에서도 참을성 있게 기꺼이 어려움을 극복하려는 나의 의지에서 드러난다. 이러한 일관성은 나를 자유롭게 해주며, 나의 의지를 표현하는 통로가 된다. 이는 외부의 어떤 것에 종속되어 지시를 따르거나 강제되는 의무적 행위를 억지로 이어가는 것과는 다르다.

헌신으로부터 솟아나는 의무감은 돌봄의 구성 요소이다. 나는 그런 의무감이 내게 강요되었다거나 필요악이라고 느끼지 않는다. 내가 해야 한다고 느끼는 것과 내가 하고자 하는 것 사이에 간극이 줄어든다. 아픈 자식을 위해 한밤중에 의사에게 달려가는 아버지는 자기 의무를 다해야 한다는 생각으로 그렇게 하는 게 아니다. 그는 그저 자식을 보살피고 있을 뿐이다. 이와 마찬가지로, 하나의 철학적 관념을 정립하는 데 있어 비슷한 관점과 비슷하지 않은 관점에서 거듭 반추해야 할 필요성은 학자인 나에게는 강요된 의무가 아니다. 나는 그저 그 관념을 보살피고 있을 뿐이다.

정리하자면, 타인의 성장을 돕는 돌봄의 기본적인 양상은 다음과 같다. 나는 상대를 나 자신의 확장으로 그리고 성장의 욕구를 지니고 있는 독립적인 존재로 경험한다. 상대의 발전이 나 자신의 행복감과 밀접하게 관련되어 있고, 그 성장을 위해 상대가 나를 필요로 하고 있음을 느낀다. 나는 그 요구에 긍정적이고 헌신적으로 응답하며, 이를 이끄는 것은 상대의 성장이다.

돌봄의 이러한 양상을 더욱 뚜렷하게 드러내기 위해 이 책에서는 그 주요 요소들과 우리를 일깨우는 돌봄의 여러 측면을 설명할 것이다. 돌봄 양상의 보편성을 강조하고자 나는 '상대를 돌본다'고 표현하고 있는데, 실제로 돌봄의 '상대'란 항상 어떤 특정한 사람이거나 특정한 무언가일 수밖에 없다. 작가에게는 그가 돌보는 아이디어이고, 부모에게는 자신의 자녀일 것이며, 시민에게는 그가 속한 공동체일 것이다.

사람의 성장과 관념의 성장

성장의 본질과 그 실현을 구체적으로 검토하는 것이 이 글의 목적은 아니지만 돌봄은 타인의 성장을 돕는 것으로 이해되는 만큼, 사람의 성장 그리고 '돌봄' 같은 철학적 관념의 성장에 관해 간단하게나마 정리해두면 우리의 논의에 도움이 될 것이다. 이후 이어지는 사람의 성장에 관한 서술은 대체로 일반론적이다. 좀 더 구체적인 수준에서는 한 아이가 자라나는 성장인지, 미성숙한 성인이 성숙해가는 성장인지, 성숙한 성인의 성장인지에 따라 달라질 것이기 때문이다.

다른 사람의 성장을 돕는다는 건, 적어도 그 사람이 어떤 것 또는 자신이 아닌 누군가를 돌보도록 돕는 일이다. 그 사람이 돌볼 수 있는 자신만의 영역을 발견하고 창출하도록 격려하고 돕는 것을 포함한다. 또한 그가 스스로를 돌볼 수 있도록 돕는 일이며, 이를 위해서는 자신의 삶을 스스로 책임지고자 하는 그의 욕구에 응답할 수 있어야 한다.

성장은 그가 이룰 수 있는 최대한의 배움을 포함하는데, 여기서 배움은 단순히 지식이나 기술을 쌓는 것이 아니라, 새로운 경험과 생각의 통합을 통해 자신의 됨됨이를 재창조하는 것이라고 할 수 있다. 우리는 단순히 지배적인 가치에 순응하거나 강박적으로 거부하는 대신, 자신의 경험에 바탕을 둔 가치와 이상을 선택하여 보다 자기 결정적인 존재가 되어가면서 성장한다.

성장해갈수록 우리는 스스로 결정을 내릴 수 있는 능력이 커지고, 그 결정을 기꺼이 책임지려는 의지도 강해진다. 그리고 자신에게 중요한 무언가를 추구하고 성취하기 위해 스스로를 훈련하고 한계를 지을 수 있다. 우리는 자신에게 더욱 솔직해짐으로써, 그리고 자기가 속한 사회와 자연의 질서를 더 잘 알게 됨으로써 성장한다. 또한 환상에 빠지지 않고 자기 자신을 바라보게 될 때, 목적과 수단의 객관적 구조를 더욱 잘 이해할 수 있다.

나는 '돌봄' 같은 철학적 관념의 본질적인 특성을 발견하고 탐구함으로써 그 관념의 성장을 돕고자 한다. 언뜻 보기에 서로 무관해 보이는 다양한 활동들(예를 들어 육아, 교육, 그림 그리기, 심리치료 등)이 돌봄의 기회를 제공하는 것으로 이해될 때, 이들이 서로 연관되어 있음이 분명해지고 돌봄의 적용 범위 또한 넓어지고 선명해진다.

보편성의 성장과 더불어 구체성의 성장도 일어난다. 관념 또는 개념은 우리로 하여금 어떤 구체적인 행위에 대해 더 잘 이해할 수 있게, 이를테면 교육이나 예술 활동에 관해 새롭고 흥미로운 통찰을 발견할 수 있게 해 준다. '돌봄'이라는 관념은 '신뢰', '정직', '겸손' 같은 다른 중요한 관념들과의 관계 속에서 무르익으며, 또한 언뜻 예외처럼 보이는 것들을 맞닥뜨리며 성장한다. 관념들이 느슨하게 연결되면서 단단한 구조가 형성된다. 관념들은 서로 얽히면서 다른 관념을 뒷받침하고 서로의 의미를 심화시키며 정밀함을 획득해간다. 하나의 관념이 성장해갈 때 그 기본 전제가 무엇인지, 그것이 무엇을 할 수 있고 무엇을 할 수 없는지 더 깊이 이해하게 된다. 또한 그것이 더욱 발전하려면 무엇이 관련이 있고 무엇이 관련이 없는지를 분명히 인식하게 된다.

이 글에서 나는 '돌봄'이라는 관념이 성장하도록 도울 것이다. 그 본질적 요소들을 찾아내고 서술할 뿐 아니라, 더 넓은 맥락에서 그것을 고찰하고 그것이 한 사람의 삶 전체에서 어떻게 기능하는지 혹은 어떻게 기능할 수 있는지를 들여다봄으로써 돌봄의 관념이 성장하는 과정을 보여주고자 한다.

2부

돌봄의 주요 요소

앎

우리는 흔히 돌봄에는 지식이 필요하지 않은 것처럼 말하곤 한다. 누군가를 보살피는 일을 단순히 선량한 의도나 따뜻한 마음가짐의 문제로 여긴다. 하지만 돌보기 위해서는 상대의 욕구를 이해하고 그에 알맞게 응답할 수 있어야 한다. 선량한 의도가 이를 보증하지는 않는다.

누군가를 보살피기 위해 나는 많은 것을 알아야 한다. 내가 돌볼 상대가 어떤 존재인지, 그의 강점과 약점은 무엇인지, 그가 무엇을 필요로 하는지, 무엇이 그의 성장에 도움이 될지를 알아야 한다. 그리고 나는 그의 욕구에 어떻게 응답해야 하는지, 나의 능력과 한계가 무엇인지를 알아야 한다.

이때의 지식은 일반적인 지식과 구체적인 모든 지식을 포함한다. 작곡가의 경우, 음악 일반에 관해서만 알거나 어떤 특정한 악상에만 머물지 않는다. 곡을 만들기 위해 그는 양쪽의 지식을 모두 지녀야 한다. 일반적인 지식과 구체적인 지식은 함께 성장한다. 작곡가는 일반적인 작곡 이론을 알아야 특정한 곡을 돌볼(만들) 수 있고, 그 곡을 돌보는(완성시키는) 과정에서 일반적인 작곡 이론에 관해 더 많이 배울 수 있다.

돌봄에 대해 우리는 여러 방식으로 안다. 어떤 것은 명시적으로, 어떤 것은 암묵적으로 안다. 명시적으로 안다는 것은 내가 알고 있는 것을 언어로 표현할 수 있다는 뜻이다. 반면, 암묵적으로 아는 것은 말로 표현할 수 없다. 우리는 좋은 친구에 대해 말로 표현할 수 있는 것보다 더 많은 것을 안다. 또한 '무엇이 그러하다'고 아는 것과 '어떻게 해야 하는가'를 아는 것은 다른 문제다. 교육 이론을 많이 아는 사람이라 해도 정작 가르치는 능력은 없을 수 있다.

무언가를 직접적으로 아는 것과 간접적으로 아는 것 또한 별개이다. 직접 안다는 것은 그 존재를 있는 그대로 마주하고 독자적으로 존재함을 인식하는 것을 말한다. 단지 그것을 경험하는 것만을 뜻하지는 않는다. 돌봄에서 나는 상대를 직접적으로 안다. 그와의 관계에서 느끼는 일체감은 상대의 고유성과 개별성에 대한 나의 인식과 공명한다. 예를 들어 교사는 자신의 학생이 독립된 개인이라는 걸 직접적으로 안다. 학생을 하나의 전형典型이나 교사의 자기 과시를 위한 수단이 아닌, 그 자체로 고유한 존재로서 경험한다. 이에 반해 간접적으로 안다는 건 무언가에 관해 아는 것, 그에 관한 정보를 갖는 것을 가리킨다. 실제로 경험하지 않고도 무언가를 간접적으로 알 수 있으며, 무언가를 경험하면서도 직접적으로 알지 못할 수 있다.

이처럼 돌봄은 명시적인 지식과 암묵적인 지식, 이론적인 앎과 방법에 대한 이해, 직접적인 지식과 간접적인 지식을 아우른다. 이 모든 것이 다양한 방식으로 어우러지며 상대의 성장을 돕는다.

돌봄에 얼마나 많은 앎이 있는지 우리가 깨닫지 못하는 한 가지 중요한 이유가 있다. 지식을 언어로 표현할 수 있는 것만으로 한정하는 습관이 있기 때문이다. 우리는 암묵적인 지식, 방법에 대한 이해, 직접적인 지식을 앎의 방식으로 여기지 않는다. 지식의 의미를 이렇게 한정하는 것은, 언어만을 소통의 수단으로 여기고 소통의 의미를 '언어 전달'로 한정하는 것만큼이나 자의적이다.

리듬

교사로서 나는 어떤 개념을 학생에게 설명하고, 그가 잘 이해했는지 확인한다. 이해가 잘되지 않았다면 다른 방식으로 다시 설명해 본다. 작가로서 내 생각을 글로 풀어냈을 때도 생각이 글로 잘 표현되었는지 거듭 읽으며 확인한다. 잘 표현되지 않았다면 다른 방식으로 다시 써 본다. 두 경우 모두 나는 특정한 기대를 품고 행동하며, 그에 따라 내 행동의 결과를 받아들이거나 고민하게 된다. 그리고 이 두 국면을 연결하여, 내가 기대했던 바가 실제로 이루어졌는지를 확인한다.

습관만으로는 돌볼 수 없다. 과거로부터 배울 수 있어야 한다. 나는 내 행동의 결과가 어떻게 나타나는지, 내가 도움이 되었는지 안 되었는지를 확인한다. 그리고 그 결과에 비추어 상대를 더욱 잘 도울 수 있도록 내 행동을 이어가거나 조정한다.

하지만 '행동한다'는 의미는 넓게 이해되어야 한다. 상대에게 늘 무언가를 하고 있다는 능동적인 의미만 있는 게 아니다. '아무것도 하지 않는' 행동도 있을 수 있다. 예를 들어 나는 어떤 사람을 돌보는 경우, 상황에 개입하지 않거나 어느 쪽 입장도 취하지 않을 때가 있다. '아무것도' 하지 않는 것이다. 이 '무위'의 상태를 지나면서 그로부터 비롯되는 결과를 확인하고 그에 따라 내 행동을 바꿀 수 있다.

돌봄에서 또 하나 중요하게 작용하는 또 다른 리듬을 생각해보자. 더 작은 범위와 더 큰 범위 사이를 오가는 리듬이다. 나는 어린아이를 돌볼 때, 하나의 행동을 비교적 단발적인 사건으로서 고찰하곤 한다. 이전에 어떤 일이 있었는지, 앞으로 어떤 일이 일어날지 세심하게 연결 짓지 않는다. 하지만 특정 행동을 더 큰 틀 안에서, 더 넓은 연결선상에서 바라볼 때도 있다. 그러면 추세, 장기적으로 미치는 영향, 경향성을 파악할 수 있다. 예를 들어 불안한 행동을 비교적 단발적인 사건으로 고찰하는 것과, 일반적인 불안 양상의 발현으로 검토하는 것은 별개이다.

또한 어떤 생각을 발전시키고자 할 때, 때로 그 구체적인 세부 사항에 집중해서 살펴보기도 하고 그것을 다른 생각이나 집필 중인 책과 연관지어서 생각해 보기도 한다. 집필 중인 책에서 어느 장이 책 전체에 어떻게 들어맞는지를 알면, 전체 흐름이 어떻게 전개되어야 하는지, 혹은 그 장이 어떻게 전개되어야 하는지에 대한 생각이 바뀔 수도 있다. 그리고 한때 비교적 고립되어 있다고 생각되던 장이 때로는 다른 장 또는 절을 고찰하는 데 더 넓은 맥락을 제공할 수도 있다.

인내

인내는 돌봄의 중요한 요소이다. 나는 상대가 자신의 리듬에 따라 자신의 방식대로 성장할 수 있도록 돕는다.(꽃이나 어린아이의 성장과 마찬가지로 중요한 아이디어 또한 강제로 성장시킬 수 없다.) 나는 인내심을 갖고 기다려줌으로써 상대가 자신의 시간에 맞춰 스스로를 발견하도록 돕는다. 인내심이 없으면 기다리지 못할 뿐 아니라 종종 상대의 시간을 빼앗기도 한다. 누군가 옆에서 조바심을 내거나 우리 자신이 참을성이 없을 때는 오히려 우리에게 허용되었던 시간마저 허비하게 된다.

인내는 어떤 일이 일어나기를 수동적으로 기다리는 것이 아니라 자신을 온전히 내어주는 방식으로 상대와 함께하는 일종의 참여다. 인내를 단순히 시간의 관점에서만 이해하는 것은 잘못이다. 우리는 상대에게 공간도 내어주기 때문이다. 마음이 복잡한 사람의 말에 참을성 있게 귀 기울이고 곁에 머물면서, 우리는 그 사람에게 생각하고 감정을 추스를 공간을 준다.

어쩌면 단순히 시간과 공간을 준다기보다는 상대에게 삶의 여지를 준다고 말하는 게 더 맞을 것이다. 인내하는 사람은 상대에게 삶의 여지를 넓혀주는 반면, 그렇지 못한 사람은 그것을 더 좁힌다.

인내는 어느 정도 혼란과 실수에 대한 너그러움을 포함한다. 하지만 이 너그러움은 참아야 한다는 규칙에 따르는 것이 아니며 상대에게 무관심한 것도 아니다. 오히려 너그러움은 상대의 성장에 대한 존중과 성장의 특징인 '낭비성'과 자유로운 실험에 대한 나의 이해를 드러낸다.

돌보는 사람은 상대의 성장을 믿기 때문에 인내한다. 또한 우리는 상대뿐만 아니라 자기 자신에게도 인내심을 발휘해야 한다. 상대와 나 자신에 대해 배우고, 알고, 발견하는 기회를 스스로에게 주어야 한다. 나 자신에게 자신을 돌볼 기회를 주어야 하는 것이다.

정직

정직은 돌봄에서 긍정적인 요소로 나타난다. 그것은 무언가를 하지 않는, 다시 말해 거짓말을 하지 않거나 의도적으로 남을 속이지 않는 문제가 아니다. "자기 자신에게 정직하라"는 말은 정직의 의미를 잘 알려준다. 정직이란 적극적으로 자기 자신과 대면하고 스스로에게 솔직해지는 것을 아우른다. 돌봄에서 나는 정직하게 사실대로 보려 한다. 상대를 보살피기 위해, 나는 상대를 있는 그대로 보아야 한다. 내가 바라는 모습이나 요구하고 싶은 모습으로 보아서는 안 된다.

그의 성장을 도울 수 있으려면, 나는 그의 변화하는 요구에 응답해야 한다. 어떤 특정한 방식으로 보아야 한다면, 보고 싶은 것만을 본다면, 나는 상대를 있는 그대로 볼 수 없을 것이다. 예를 들어, 맹목적 숭배는 상대에게 응답하는 것을 사실상 불가능하게 만들기 때문에 돌봄과 상충한다. 불편한 사실일지라도 상대를 있는 그대로 진지하게 받아들일 때에만 상대와 교감할 수 있고 상대를 돌볼 수 있기 때문이다.

우리는 상대를 있는 그대로 바라볼 뿐 아니라 자기 자신도 있는 그대로 바라보아야 한다. 내가 무슨 일을 하고 있는지, 내가 하고 있는 일이 상대의 성장을 돕는지 아니면 가로막는지 알아야 한다. 작가라면, 하나의 생각을 탐구하고 펼쳐 보이는 일보다 자신이 옳다는 것을 입증하는 데 더 관심을 두는 건 아닌지, 또는 자신이 그 생각을 발전시키고 있다는 사실보다도 무언가를 출간하는 데 더 관심을 두는 건 아닌지 들여다볼 용기를 갖고 있어야 한다.

나는 정직하지만 여전히 잘못 생각할 수 있다. 그럼에도 정직하려고 노력하며, 내가 틀린 경우 솔직하게 바로잡고 그 실수로부터 배우고자 한다. 상대를 돕고자 하는 나의 소망은, 내가 왜곡된 사실에서 이익을 얻는 것과 상충된다. 내가 정직하게 돌보는 이유는 '정직이 최상의 방책'이라고 생각해서가 아니라, 정직이 돌봄에 꼭 필요하기 때문이다.

정직은 돌봄에서 다른 방식으로도 나타난다. 나는 진심에서 우러나 상대를 돌보아야 하고, 그에게 '진실로 가닿아야' 한다. 나의 행동과 실제 느낌 사이에, 그리고 내가 하는 말과 내가 느끼는 것 사이에 간극이 있어서는 안 된다. 그를 위해 존재하려면, 그리하여 그도 나를 위해 존재할 수 있게 하려면 나는 상대에게 진실해야 한다.

실제의 나와 다르게 꾸며내는 것은, 그 자체로 고유한 존재인 상대와 관계 맺는 걸 방해한다. 상대의 욕구를 파악하고 그에 응답하기보다, 내가 다른 사람들에게 어떤 모습으로 보일지에 더 관심을 기울인다면, 나는 상대를 위해 온전히 존재할 수 없다. 자신이 자녀를 얼마나 사랑하는지 끊임없이 입증하고자 하는 부모는 오히려 그럼으로써 자녀를 잘 돌보지 못하게 된다.

신뢰

돌봄은 상대가 자신의 시간에 맞게 자신의 방식으로 성장하도록 맡겨 두는 일이다. 상대가 독립적인 존재, 별개의 존재라는 걸 인식하는 것이다. 타인을 보살필 때, 나는 그 사람이 실수하고, 실수로부터 배우는 존재임을 믿는다. 우리는 아이가 '지금의' 경험치와 능력에 상응하는 결정을 스스로 내리는 존재임을 신뢰한다. '그가 나를 믿어준다'는 자각은 그 나름의 방식으로, 돌봄을 받는 당사자가 그 신뢰에 부응하고 스스로가 성장하는 존재임을 믿게 만든다.

아이디어를 발전시킬 때에도 우리는 그 흐름을 따르며 그 안에서 조직과 질서가 스스로 드러나게 함으로써 신뢰를 보여준다. 또한 아이디어가 우리에게 '체화'되어 우리가 무엇을 하고 있는지 이해할 수 있을 때까지 믿고 기다리며, 마침내 그 아이디어를 타인의 검증과 비폭 앞에 내놓는다. 상대를 신뢰한다는 것은 놓아주는 것이다. 그것은 위험 요소와 미지의 세계로의 도약을 포함한다. 이 두 가지 모두 용기가 필요하다.

상대를 지배하려 하고 어떤 틀에 짜맞추려 하거나, 특정 결과를 내놓도록 압박하거나, 더 나아가 과도하게 보살피는 것은 신뢰의 부족을 드러낸다. 학교 교육이나 종고 교육이 학생들에게 질문하고 반추할 기회를 허용하지 않은 채 주입식 교육을 한다면, 그 바탕에는 상대에 대한 신뢰 부족이 있다. 미지의 것을 두려워하고 회피하는 사람, 어떤 결과가 나올지 늘 미리 알고 있어야 하는 사람은 상대가 자신만의 방식으로 성장하는 걸 허용하지 못한다. 상대의 요구에 응답하지 못하게 되는 것이다.

자식을 너무 아끼는 마음에 과잉보호하는 부모는 자식을 신뢰하지 않는 것이다. 이런 부모는 자신의 행동을 어떻게 생각하든 실제로는 성장하고자 하는 자식의 욕구보다 자신의 욕구에 응답하고 있는 것이다. 그는 아이가 독립하고자 하고, 스스로 책임지고자 하는 욕구를 가지고 있다는 사실을 보지 못한다. 병적인 집착은 본질상 신뢰와 양립할 수 없다. 그런 상황에서는 상대에게서 나타나는 어떠한 독립의 징후도 위협으로 느끼기 때문이다.

상대가 성장하도록 믿고 맡기는 것은 저절로 되는 일이 아니라 그러한 믿음을 보증하는 조건들을 적극적으로 마련하고 지킴으로써 가능하다. 학생들이 자신의 프로젝트를 자신만의 방식으로 완성해 가도록 맡겨 두는 교사는, 학생들을 도와주고 격려하고 적절한 자극을 경험하게 함으로써 그러한 신뢰의 기초를 닦는다. 자신이 성장한다는 사실을 믿는 사람, 자신이 기대하는 무엇이 되어야 한다고 스스로를 강제하지 않는 사람만이 다른 사람의 성장도 신뢰할 수 있다.

상대를 신뢰하는 것 이외에도, 나 자신의 돌보는 능력 또한 신뢰해야 한다. 나는 내 판단을, 그리고 실수로부터 배우는 능력을 믿어야 한다. 흔히 하는 말처럼, 나는 내 직관을 믿어야 한다. 철학 저술가는 중요성과 적절성에 대한 자신의 느낌, 자신의 아이디어가 진리에 부합하는지 아닌지, 무시해야 할지 아닐지를 결정하는 데 있어 자신의 느낌을 믿어야 한다. 교사는 배움에 친화적인 분위기를 제공하고, 무엇이 효과가 있고 없는지를 학생들의 반응으로부터 배우는 자신의 능력을 믿어야 한다. 부모는 언제 단호함이 필요한지를 알고, 단발적인 사건으로 보이는 것이 사실은 더 지속적인 습관의 양상임을 알아채는 자신의 판단력을 믿어야 한다. 자신의 행동이 옳은지 아닌지에만 계속 사로잡혀 있는 건 자신에 대한 신뢰가 부족하다는 걸 드러낸다. 자기 자신에게 관심을 집중하다 보면 상대의 요구에는 더욱 무관심해지고 만다.

겸손

겸손은 돌봄에서 여러 방식으로 드러난다. 첫째, 돌봄은 상대의 성장에 응답하는 것이므로, 상대에 대해 끊임없이 배우는 것을 포함한다.

배워야 할 것은 언제나 있기 마련이다. 보살피는 사람은 상대와 자기 자신에 관해, 그리고 돌봄이 무엇을 수반하는지에 관해 배울 준비가 되어 있고 기꺼이 더 배우려 한다는 점에서 진실로 겸손하다. 여기에는 보살핌 상대에게서 배우는 것도 포함된다. 교사는 학생에게서 배운다. 부모는 자식으로부터 배운다. 화가는 작품에서 배운다. 근본적으로 어떤 배움의 원천도 나보다 못하다고 느끼지 않는다. 나 자신의 실수를 비롯하여 배움의 원천이 어떤 것이든 나는 굴욕감을 느끼지 않는다.

더 이상 배울 것이 없다는 태도는 돌봄과 양립할 수 없다. 자식을 이미 속속들이 '알고 있다고 생각하는'

아버지, 조국에 관해 다른 사람들로부터 배울 것이 전혀 없다고 느끼는 '애국자'는 돌보고 있는 게 아니다. 또한 어떤 의미에서, 돌보는 사람은 이전 경험이 아무리 풍부해도 기본적으로 새로 시작하는 느낌을 갖는다. 문제는 언제나 그것이 지금 이 새로운 상황에 적절한가 하는 것이다. 이 상황은 단순히 과거의 반복이 아니어서 원칙을 기계적으로 적용해서는 풀 수 없기 때문이다.

겸손은 또한 나의 특별한 돌봄이 결코 특권을 부여받은 것이 아님을 깨닫는 데서 드러난다. 궁극적으로 중요한 것은 나의 돌봄이 당신의 돌봄보다 더 중요한가가 아니라, 사람은 누구나 누군가를 돌볼 수 있고 보살필 무언가가 있다는 사실이다. 누구의 돌봄이 더 값어치가 있는지 따지는 데 사로잡히면, 나는 돌봄에 무관심해지게 된다. 상대의 성장에 관심을 갖기보다 돌보는 사람이 바로 '나'라는 사실에 사로잡혀 자신에게 더 관심을 갖게 된다.

또한 돌봄은 그 자체로 겸손의 더 넓은 의미를 드러낸다. 타인을 나의 욕구를 충족시키기 위한 존재로 바라보거나 마치 극복해야 할 장애물처럼, 아니면 나를 위해 내 멋대로 빚어낼 수 있는 점토처럼 취급하는 태도를 극복하는 것이다. 또한 남들의 능력을 깔보면서 나 자신의 능력을 과장하는 오만함, 내가 이루어 낸 어느 것도 사실은 내가 거의 이바지한 바 없는 다양한 조건들의 협력에 의존하고 있다는 사실을 보지 못하게 만드는 오만함을 넘어서는 일이다.

겸손은 또한 허세를 극복하는 것이다. 나는 과시하거나 숨기려 하지 않고, 꾸미거나 에둘러 말하지 않음으로써, 있는 그대로의 나를 드러낼 수 있다. 실제의 나와 다른 모습으로 꾸며내지 않기 때문에, 나는 다른 사람들이 나를 있는 그대로 바라보는 게 창피하지 않다. 솔직하면 남들이 나에 관해 굳이 들춰 낼 것이 없다. 돌봄은 이렇듯 더 넓은 의미의 겸손을 나타낸다. 그것은 상대가 그 나름의 온전함을 지니고 있음을 인식하는 것이기 때문이다.

돌봄을 통해 나는 내 능력뿐 아니라 한계를 더 제대로 인식하게 된다. 나의 한계를 원망하거나 과장하지 않고 자신의 능력을 성공적으로 발휘했다는 사실에 자부심을 느낄 수 있다. 예를 들어, 자녀가 독립성과 책임감을 가지고 성장하도록 도운 것을 자랑스러워하는 어머니, 오랫동안 붙들고 있던 어떤 중요한 관념을 완전하게 발전시킨 데 자긍심을 느끼는 철학자를 떠올려 보라. 그러한 자긍심은 자만심과는 아주 다르며, 다른 사람에게 앙심을 품은 승리와도 무관하다. 이 안에는 조금도 오만함이 없다.

그러한 겸손은 나를 남과 구분 짓는 대신 세계를 향해 자신을 더 열어 놓게 만들며, 자기 자신 그리고 또 다른 이들과 더욱 교감할 수 있게 한다. 잘한 일에 자부심을 느끼는 건 우쭐대는 것이 아니다. 자부심은 내가 무엇을 해냈는지, 그리고 내가 다른 이들과의 협력과 다양한 조건에 얼마나 힘입었는지를 왜곡하지 않고 정직하게 인식하도록 해 준다. 이런 의미에서 자부심과 겸손은 결코 서로 모순되지 않는다.

희망

타인이 나의 돌봄을 통해 성장하리라는 희망은, 어떤 특정한 기대를 갖는 희망보다 훨씬 보편적이다. 어떤 면에서는, 다가오는 봄에서 느껴지는 희망과 비슷하다. 그것은 소원 성취나 근거 없는 기대와 혼동되어서는 안 된다. 그러한 희망은, 기대하는 미래의 풍족함과 대비되는 현재의 결핍을 나타내는 것이 아니라 오히려 가능성에 대한 인식으로 채워진 현재의 충만함을 나타낸다. 예를 들어, 어린아이를 돌볼 때 나는 실현될 수 있는 가능성에 마음이 부풀고, 이는 나의 돌봄을 통해 그 아이가 성장하리라는 희망으로 이어진다. 이에 반해, 새로운 성장의 가능성이 없는 곳에는 낙담이 퍼진다.

돌봄에서, 미래를 바라보는 희망은 현재의 중요성을 더욱 또렷이 드러낸다. 그것은 현재를 더 우위에 있는 어떤 것에 종속시키거나 단순한 수단으로 삼지 않는다. 자식을 고유한 존재로서 신뢰하지 못하는 아버지도 자식에게 큰 '기대'를 품을 수 있지만 그러한 기대는 현재의 이 아이에 대한 인식과는 거리가 멀다. 그러한 기대는 사실상 현재를 피폐하게 만든다. 자식이 대단해져 있을 '더 실제적인' 미래를 위해 대체로 현재를 유예하기 때문이다.

희망은 가능성으로 생동하는 현재의 표현으로서, 에너지를 결집시키고 우리의 능력을 활성화한다. 희망은 외부로부터 어떤 일이 일어나기를 수동적으로 기다리는 것이 아니다. 단순히 상대에게 희망을 품는 것을 넘어 나의 돌봄을 통해 상대가 자신을 실현하기를 바라는 것이다.

따라서 희망의 중요한 측면은 용기이다. 용기는 힘든 상황에서도 상대의 곁을 지키며 지지해 주고, 안전과 안정을 넘어서서 위험을 감수하는 데서 발현된다. 내가 어려운 처지에 놓인 상대를 지켜 줄 거라고 스스로 믿지 않는다면, 내 돌봄을 통해 상대가 성장하기를 기대하는 나의 희망은 필연적으로 사그라들 것이다.

용기는 희망을 가능하게 하지만, 희망 또한 용기로 나아가게 해 준다. 희망은 헌신할 가치가 있는 무언가가 있다는, 또는 있을지도 모른다는 것을 암시하기 때문이다. 한편 희망의 결핍은 모든 가치 의식을 갉아먹으며, 결과적으로 내가 지켜 내고자 하는 어떤 것도 남지 않게 된다. 달리 표현하면, 절망은 용기를 약화시키며 그 생명력을 앗아 간다.

용기

용기는 미지의 세계로 나아가는 데서도 드러난다. 주제가 이끄는 대로, 또는 성장하는 아이가 지향하는 대로 따르다 보면, 그 길이 끝내 어디에 다다를지 또는 자신이 어떤 낯선 상황 속에 놓이게 될지 알 수 없다. 익숙한 이정표들이 주는 안정감은 사라지고, 상대가 어떤 사람이 될지 또는 무엇이 될지, 나는 또 어떤 사람이 될지 전혀 예상할 수 없다. 당대의 유행에 휩쓸리지 않고 자신의 길을 가는 예술가의 용기란 이런 것이다. 그 과정에서 예술가는 자기 자신을 발견하고 온전히 그 자신이 된다.

그러한 용기는 맹목적이지 않다. 그것은 과거의 경험에서 얻어진 통찰력을 바탕으로, 현재에 열려 있고 현재에 민감하게 반응한다. 상대의 성장에 대한 믿음과 나의 돌봄 능력에 대한 믿음은 내게 미지의 세계로 들어갈 용기를 준다. 하지만 미지의 세계로 들어갈 용기없이는 그러한 믿음 또한 불가능한 것도 사실이다.

그리고 분명히, 미지의 세계로 들어서고 있다는 느낌이 강하게 들수록 돌봄에는 더 많은 용기가 요구된다.

3부

돌봄의 다양한 측면

돌봄을 통한 자기 실현

돌봄에서는 상대가 우선이며, 그의 성장이 내 관심의 중심이다. 교사의 관심은 자신이 아니라 학생에게 집중된다. 자신을 관심의 중심에 둔다면, 학생에 대한 보살핌은 제대로 이루어지지 않을 것이다. 오직 상대에게 집중할 때만 성장하고자 하는 그의 욕구에 응답할 수 있다.

돌봄에는 공황 상태나 특정한 순응으로 인한 자기 상실과는 매우 다른 무아의 상태가 존재한다. 그것은 진정 흥미를 느끼는 무언가에 몰입할 때의 무아에 가까우며, 그 과정에서 '더욱 나다운 나'를 발견하게 된다. 그런 무아 상태에서는 인식이 고양되고, 상대와 나 자신에 더욱 민감해지며, 자신의 고유한 능력을 더 잘 발휘하게 된다.

누군가를 또는 무언가를 돌보고 성장하도록 돕는 과정에서 나는 비로소 나 자신을 실현하게 된다. 작가는 자신의 생각을 돌보면서 성장한다. 교사는 학생들을 보살피면서 성장한다. 부모는 자식을 돌보면서 성장한다. 다시 말해 신뢰, 이해, 용기, 책임, 헌신, 정직 같은 능력을 발휘하면서 자신도 성장한다. 이런 능력들을 펼칠 수 있는 이유는, 나의 관심이 상대에게 집중되어 있기 때문이다.

상대가 성장하기 위해 나를 필요로 하듯이, 내가 나 자신이 되기 위해서도 돌봐야 할 대상이 필요하다. 학생에게 교사가 필요하듯, 교사에게는 학생이 필요하다. 철학자가 자신의 독창적인 사상을 필요로 하듯, 그 사상 또한 철학자를 필요로 한다. 하지만 "내가 나 자신이 되기 위해 상대가 필요하다"는 말은 그를 나 자신의 욕구를 충족시키기 위한 수단으로 본다는 뜻이 아니다.

나는 자신을 실현하기 위해 그의 성장을 돕는 게 아니라, 그가 성장하도록 도움으로써 나 자신을 실현한다. 그의 온전함을 존중하고 더욱 발전시킴으로써 나도 그에게 더욱 의지할 수 있다. 이는 그 사람을 소유하려 하고, 상대를 그 자체로 받아들이지 못하는 기생적 관계와는 매우 다르다. 또한 특정한 대상을 돌보는 일과 나 자신을 돌보는 일 사이에 갈등이 일어날 가능성 또한 부정하지 않는다.

과정의 중요성

돌봄에서는 결과보다 과정이 우선이다. 내가 상대를 돌볼 수 있는 건 오로지 '현재'에서만 가능하기 때문이다. 문제는 항상 '이 사람에게 혹은 이 아이디어에 지금 여기에서 어떻게 응답할 것인가'이다. 다시 말해, 우리는 늘 자신이 갖고 있는 자원으로 지금 있는 자리에서 대처해야 한다. 대처는 오로지 지금, 여기에서만 가능하다. 흔히 그 과정을 견디지 못하고 생략했으면 하고 바라는데, 그것은 성장한다는 것이 무엇인지 그 본질을 이해하지 못하고 있음을 드러내는 것이다.

돌봄 속에서 현재는 과거, 미래와 끊임없이 생생하게 연결된다. 현재는 과거로부터 얻은 의미와 통찰력에 의지해 길을 찾고, 새로운 성장에 대한 전망을 비롯하여 미래를 향한 기대들로 풍요로워지기 때문이다. 과거와 미래 덕분에 우리는 현재 속에서 성장을 위한 기회를 더욱 잘 포착할 수 있다. 이와 동시에, 현재의 관심과 필요는 과거와 미래의 전체적인 성격을 결정짓는다. 과거의 의미와 통찰 가운데 어떤 것들이 현재에 적절한지, 어떤 가능성들이 실제적이고 현재에 중요한 것인지를 판단하는 데 현재의 관심과 필요가 작용하기 때문이다.

과정이 우선이라는 말은, 기대하는 목표와 목적의 중요성을 부정하는 게 아니다. 목표나 목적은 현재에 방향과 의미를 알려 준다. 예를 들어 현재 시점에서 화가가 완성된 작품을 미리 떠올리고, 심리치료사가 내담자의 치료 효과를 전망해 보는 일은 중요하다. 하지만 현재(과정)를 그 자체로 진지하게 고려하지 않고 미래(결과)를 위해 수단화하거나 필요악으로 취급한다면 돌봄은 불가능해진다. 자식이 빨리 성장해서 '대단한' 존재가 되기를 조급하게 바라는 부모는 실상 자식을 진지하게 대하지 않는 것이며, 이런 시각은 돌봄을 불가능하게 만든다.

또한 결과에 대한 진정한 관심은 바로 지금 우리가 쏟는 관심에서 드러난다. 결과는 과정의 산물이고, 달리 말하면 과정 자체가 '지금 만들어지고 있는' 결과이기 때문이다. (아직 오지 않은 현재인) 미래에 대한 내 관심의 진정성을 증명해 주는 것은, 현재 존재하는 것을 내가 얼마나 보살피고 있는가이다.

과정의 우선성은 돌보는 사람이 성장하는 방식에서도 확인된다. 우리는 돌봄을 통해 돌보는 주체의 자기 실현이 이루어진다는 걸 이미 살펴보았다. 작가의 성장은 자신의 생각을 펼치고 발전시키는 과정에서 이루어지는 것이지, 그의 책이 마무리된 시점에 이루어지는 것이 아니다. 책이 마무리되고 만족감이 충족된 뒤, 진실로 중요한 질문은 이것이다. '이제 나는 무엇을 돌볼 것인가?'

돌보는 능력과 돌봄을 받는 능력

돌봄에는 때로 비범한 적성과 특별한 훈련이 필요하다. 일반적인 돌봄 외에도 어떤 특정 상대를 보살필 수 있어야 하기 때문이다. 정신적으로 아픈 사람을 돌보려면 특별한 교육뿐 아니라 대인관계에 예민한 감수성이 필요하다. 베토벤의 후기 피아노 소나타를 잘 연주하기 위해서는 기술의 연마뿐 아니라 깊은 음악적 이해가 필요한 것과 같은 이치다.

상대를 돌보기 위해서 나는 그를 감당할 수 있어야 하며, 상대를 돌볼 수 있는 능력을 갖추어야 한다. 단순히 그를 보살피고 싶다는 마음, 그의 성장을 바라는 마음만으로는 충분하지 않다. 실제로 그가 성장할 수 있게 돕는 능력이 있어야 한다. 내가 그를 돌볼 능력이 있어야 하듯, 그 또한 보살핌을 받을 수 있어야 한다. 내담자 자신이 어느 수준에서든 진심으로 성장하기를 바라지 않는다면 심리치료사는 그의 성장을 도울 수 없다.

우리는 때로 "그는 누구에게도 자신을 도울 기회를 주지 않아"라고 말하기도 한다. 만약 어떤 사람이 심각한 뇌 손상을 입어 어떤 의미에서든 성장이 불가능하다면 나는 그를 위로하고 그의 안녕에 관심을 기울이겠지만, 그의 성장을 돕는다는 의미에서라면 더 이상 그를 돌볼 수 없다. 마찬가지로 어떤 아이디어가 반짝 떠올랐다 해도 성장할 역량이 부족하거나 깊이가 없는 경우, 우리는 '끝났다'거나 '김샜다'고 표현한다. 그런 아이디어는 돌봄의 대상이 될 수 없다.

상대의 항상성

돌봄은 연속성을 전제로 한다. 상대가 계속 바뀌면 돌봄은 불가능하다. 돌봄은 발전적 과정이므로 상대가 일정하게 그 자리에 존재해야 한다. 사회적 대이동이 일어나는 상황에서 사람은 뿌리를 잃고, 자신의 공동체에 마음을 쏟기가 점점 어려워진다. 마음을 기울일 수 있을 만큼 한곳에 충분히 머물지 않으면, 헌신과 신뢰 같은 능력을 펼칠 기회가 생기지 않는다. 우정 또한 시간이 흐르며 무르익어 가는 깊은 관계이므로, 상대방이 계속 바뀐다면 그 감정은 일어나지 않는다.

하지만 요점은 상대가 실제로 바뀌지 않아야 한다는 것이 아니다. 우리가 도울 수 있도록 상대가 변함없이 그 자리에 있다고 느끼는 것이 중요하다. 상대는 일정하게 존재해야 할 뿐 아니라, 일정하게 경험되어야 한다.

돌봄에서의 죄책감

돌봄에서 나는 상대에게 헌신하며, 기댈 수 있는 존재가 된다. 만약 무관심이나 방임 탓에 이 관계에 균열이 생기기라도 하면 죄책감을 느낀다. 마치 그가 "내가 널 필요로 할 때 너는 어디에 있었니, 왜 나를 실망시켰니?"라고 말하는 것처럼 느껴진다. 이 죄책감은 상대를 배신했다는 느낌에서 비롯된다. 나의 양심은 어서 그에게 돌아가라고 속삭인다. 그가 내게 중요한 존재일수록 죄책감은 더 커진다.

고통이 그러하듯, 죄책감은 무언가 잘못되었음을 내게 말해 준다. 그것을 깊이 느끼고 이해하고 받아들인다면 죄책감은 상대를 돌보는 나의 책임으로 되돌아갈 기회가 된다. 그 회복은, 깨지기 전의 관계를 복원한다는 의미만은 아니다. 그 일을 통해 더 진지해지고 그에 대한 나의 신뢰를 새삼 깨닫는 기회가 될 수 있다. 무관심 탓에 무언가를 거의 잃었다가, 이 상실의 경험을 통해 그것이 내게 얼마나 소중했는지를 더 깊이 깨닫게 되는 것과 같다. 나는 그저 죄책감을 극복하기 위해 돌봄으로 되돌아가는 것이 아니다. 돌봄을 되살림으로써 죄책감을 극복하는 것이다.

또한 나는 상대의 성장과 나를 동일시하고, 어떤 의미에서는 그를 나의 확장으로 느끼기 때문에, 상대에게 소홀해지는 것은 나 자신과의 소통에서도 단절을 낳는다. 존경받는 사람이 타인에게 한 말을 지키지 못하여 스스로를 배반하듯이, 돌봄에서 경험하는 죄책감은 단지 상대에 대한 배신만이 아니라 스스로에 대한 배반을 뜻한다. 양심은 내게 속삭인다. 그에게, 그리고 나 자신에게 돌아가라고. 그와의 단절을 극복함으로써 나는 내 안의 단절을 극복한다.

보답

돌봄은 보답을 받을 수도 있고 그렇지 못할 수도 있다. 사물들은 내가 그것들에 응답하듯이 내게 응답하지 못한다. 우리가 느끼는 사물의 '인격'은 대체로 내가 부여한 것이다. 예를 들어, 예술 작품은 내가 말하고자 하는 의미에서 나를 돌볼 수 없음이 분명하다. 바흐의 칸타타를 감상하면서 평온함을 느끼고 마치 나를 어루만져 주는 느낌을 받는다 해도, 그 곡이 나를 돌본다고 말하는 것은 돌봄의 개념을 지나치게 확장하는 것이다.

부모가 아주 어린 자녀를 돌보는 것 또한 보답받을 수 없는 돌봄의 사례다. 아이가 부모에게 사랑의 마음을 표현하고 순간순간 관심을 보일 수 있다 해도, 부모를 보살필 수는 없다. 아이는 부모를 그 나름의 고유한 존재로 느끼지는 못한다. 아이는 스스로 자신이 무엇을 중요하게 여기는지, 성장하는 데 무엇이 중요한지 알지 못하기 때문에, 부모와 부모의 성장에 무엇이 필요한지 명확히 인식할 수 없다.

또 다른 예로, 심리치료에서 나타나는 일방적인 관계를 생각해 보자. 치료사는 돌보는 능력이 없는 사람을 돌본다. 내담자가 돌보는 능력을 되찾고, 어쩌면 치료사를 보살필 수 있는 단계에 이르면 그 관계는 종료된다. 이제 내담자는 스스로를 돌보고, 자신의 삶을 책임질 수 있게 되었기 때문이다.

의디 있는 우정에서 돌봄은 상호적이다. 서로가 서로를 보살피고, 돌봄은 서로에게 전염된다. 내가 그를 보살핌으로써 그 또한 나를 돌본다. 또한 그가 나를 보살핌으로써 나도 그를 돌보게 된다. 그리하여 상대에 대한 나의 돌봄은 더욱 굳건해진다.

하지만 돌봄이 호혜적이라고 말하는 것이 모종의 거래를 뜻하는 건 아니다. 당신이 나를 보살핀다면 나도 당신을 보살피겠다는 뜻이 아니다. 나의 돌봄이 보답받지 못한다는 이유로 누군가를 돌보기를 그만둔다 하더라도,

여전히 돌봄은 거래가 아니다.

교사가 학생을 돌보거나, 심리치료사가 내담자를 보살피거나, 예술가가 특정한 작품을 완성하는 사례만을 보면, 이론상 모든 돌봄은 끝을 향해 나아가는 것처럼 보일 수 있다. 그렇게 보면 돌봄의 성공 기준은 '불필요해지는 것', 즉 스스로 자신을 필요 없게 만드는 것으로 여겨질 수도 있다. 크게 성장하여 스승의 '어깨 위에 올라선' 학생, 스스로 삶을 책임질 수 있게 되어 더 이상 심리치료사를 찾지 않는 내담자, 또는 완성되어 더는 예술가를 필요로 하지 않는 예술 작품을 떠올릴 수 있다.

하지만 그런 경우에도 돌봄에서 벗어나는 것이 목표가 아님은 분명하다. 부모와 자식의 관계를 생각해 보자. 부모는 자식이 스스로를 보살필 수 있도록 돕지만, 그렇다고 관계를 끝내려는 의도가 있는 것은 아니다. 마찬가지로 우리는 서로의 성장을 돕는 우리의 성숙한 우정이 언제까지나 이어지기를 바랄 것이다.

돌봄의 정도와 한계

누군가 혹은 무언가를 돌볼 때, 어느 정도 실수할 수도 있고 때론 상대의 욕구에 대한 관심과 민감성이 줄어들 수도 있다. 정직과 헌신이 돌봄에 꼭 필요한 요소라고 해서 완전무결한 정직이나 헌신만을 바랄 수는 없다. 아이를 돌보는 부모, 학생을 보살피는 교사, 우정 어린 친구, 고뇌하는 작가, 이들 모두에게는 좋은 날들뿐 아니라 나쁜 날들이 지나간다. 돌보는 동안 부침을 겪는다.

이런 의미에서 돌봄을 정도의 문제, 즉 더 많거나 적음, 더 낫거나 못함의 정도 문제로 볼 수 있다 해도 그 정도에는 한계가 있다. 병적인 의존을 낮은 수준의 돌봄으로 여기거나, 악의적인 조종을 그 나름의 돌봄 방식으로 보거나, 과잉보호를 돌봄의 한 유형인 양 '과한 보살핌' 정도로 표현하는 건 잘못이다. 이런 것들은 모두 돌봄의 범위 밖에 있다. 이들을 낮은 수준의 돌봄 유형으로 보는 건 명확하고도 중요한 것들을 모호하게 만들 뿐이다.

내가 기본적으로 상대를 그 자체로 온전한 존재라고 느끼지 않는다면, 무슨 일을 얼마나 하든 나는 돌보고 있는 것이 아니다. 부모가 자식에게 아무리 많은 것을 해 주고 있더라도, 부모가 생각하는 모습대로 자식이 자라도록 쥐락펴락하는 데 일차적인 관심이 있다면, 혹은 자식이 독립적이고 자율적인 사람으로 자라나는 것보다 결국 부모에게 의존적인 상태로 남아 있기를 바란다면, 그 부모는 돌보는 게 아니다. 그런 경우에 자식은 자신이 하나의 온전한 인격체로 인정되지 않기에 근본적으로 보살핌을 받지 못하고 있다고 느낄 수 있다.

글의 주제가 흐려지고 전개가 불가능해지는데도 온갖 재미난 소재를 풀어놓는 작가는 자신의 생각을 돌보고 있는 것이 아니다. 다시 말하지만, 무엇이 실제로 성장을 돕는지에 비추어 내 행동을 변화시키려는 바람이나 능력을 갖고 있지 않다면, 나는 돌보고 있는 것이 아니다.

돌봄이 이루어진다는 것은 내가 돌봄의 행동과 태도를 보이는 것뿐 아니라 내 행동의 결과로 상대에게 발전적 변화가 나타나야 함을 뜻한다. 나는 실제로 상대의 성장을 도와야 한다. 내가 돌보고 있는지 아닌지를 판단하기 위해 자신이 무엇을 하고, 무엇을 느끼며, 무엇을 목표로 삼고 있는지를 지켜볼 뿐 아니라, 내가 하는 일의 결실로서 상대가 성장하고 있는지 아닌지 관찰해야 한다.

물론 그렇다고 해서 나의 행위 하나하나가 일대일 대응처럼 직접적으로 상대의 성장으로 귀결되어야 한다는 건 아니다. 다만 내 행위가 전체적으로 상대의 성장에 보탬이 되어야 한다는 것이다. 근본적으로 성장이 일어나지 않는다면, 내가 그 무엇을 하고 있다 해도 돌보고 있는 것이 아니다. 다시 말해, 나의 행위는 상대가 성장하는 방향에 의해 안내되고, 실제 현실에 따라 교정되어야 한다. 사실상 상대가 성장하지 않는다면, 나는 상대의 필요에 응답하지 못하는 것이고, 따라서 돌보고 있는 게 아니다.

4부

사람을 위한
돌봄의 특징

다른 사람을 돌보는 일

지금까지 나는 '다른 존재들의 성장을 돕는' 관점에서 돌봄의 핵심적인 특징들을 설명하고자 했지만 다양한 '존재들'을 구별하지는 않았다. 이를테면 자식을 돌보는 부모와 독창적인 생각을 발전시키고 있는 작가 간의 차이, 작품을 완성시키고 있는 화가나 곡을 쓰고 있는 작곡가, 학생을 보살피는 교사나 내담자를 돌보는 심리치료사 간의 차이를 명확히 하지는 않았다.
이 장에서는 사람을 돌보는 일에 관해 고찰하려 한다. 먼저 다른 사람들을 돌보는 것, 그다음으로 나 자신을 돌보는 것이 무엇인지를 들여다볼 것이다.

다른 사람을 돌보기 위해서는 마치 내가 그 안에 있는 것처럼, 그 사람과 그 사람의 세계를 이해할 수 있어야 한다. 그의 세계가 그에게 어떤 것이고, 그는 스스로를 어떻게 바라보는지, 그의 눈으로 바라볼 수 있어야 한다. 하나의 표본을 대하듯 바깥에서 뚝 떨어진 시선으로 그를 바라보는 게 아니라, 그의 세계에서 그와 함께 존재하고, 그의 세계 안으로 '들어갈' 수 있어야 한다. 그래야만 삶이 그에게 어떤 것이고, 그는 무엇이 되고자 노력하고 있으며, 성장하기 위해 그가 무엇을 필요로 하는지 '내면'에서부터 느낄 수 있다.

성장을 위한 그의 분투를 내가 이해할 수 있는 이유는, 성장하고자 하는 나 자신의 욕구를 내가 이해하고 그에 응답하기 때문이다. 나는 나 자신에게서 이해할 수 있는 것만을 다른 사람에게서 이해할 수 있다.

상대와 함께 존재할 때 나는 자신을 잃지 않는다. 스스로의 정체성을 유지하고, 그 사람과 그 사람의 세계에 대한 나 자신의 반응을 인식할 수 있다. 내가 그 사람 눈에 보이는 대로 그의 세계를 바라본다고 해서 내가 그의 세계에 대해 그와 똑같이 반응하는 것은 아니다. 그렇기 때문에 나는 그의 세계에서 그를 도울 수 있다.

이는 그 스스로는 할 수 없는 일이다. 예를 들어, 그가 당황했다는 걸 안다 한들, 나도 당황할 필요는 없다. 나는 그가 당황했다는 것을 내면으로부터 '느끼기' 때문에, 그가 당황스러움에서 벗어나도록 돕는 위치에 있을 수 있다. 그러한 이해는 검증과 확인을 게을리 하지 않으며, 새로운 경험과 정보 속에서 내가 지속적으로 발전해가는 일이다.

돌봄에서, 내가 다른 이와 함께 존재하는 것은 그에게 어울리게 존재하는 것과도 밀접한 관련이 있다. 그가 성장하고 그 자신이 되려고 애쓸 때 나는 그에게 어울리게 존재한다. 나는 그가 나와 '같은 수준'에 존재하는 사람이라고 느낀다. 나는 그를 멸시하지(깔보거나 나보다 낮게 보지) 않으며, 그를 떠받들지도(우러러보거나 나보다 높게 보지도) 않는다. 우리는 평등한 수준에서 존재한다. 더 정확히 말하자면, 나는 더 이상 수준을 의식하지 않는다. 다시 말해, 수준 차이를 잣대 삼아 바라보는 걸 초월한다. 우리는 서로를 지지하며, 결코 어느 한쪽을 희생하여 다른 쪽을 지탱하지 않는다.

보살핌을 받고 있다고 느낄 때, 보살핌을 받는 이의 관점에서 '함께 존재'한다는 것은 무엇일까? 상대방이 나와 함께할 때 나는 혼자가 아니라고, 누군가에게 이해받고 있다고 느낀다. 냉철한 방식이 아니라, 내가 된다는 것이 어떤 건지 그가 안다고 느끼기 때문이다. 나는 그가 나를 있는 그대로 바라보고자 하는 것이, 나를 평가하기 위해서가 아니라 돕기 위해서라는 걸 안다.

나는 있는 그대로의 나보다 더 나아 보이려 애쓰면서 자신을 감출 필요가 없다. 오히려 자신을 활짝 열어 그가 내게 다가오도록 함으로써 더욱 수월하게 나를 돕도록 할 수 있다. 그가 나와 함께 존재함을 깨달으면서 나는 나 자신과 내 세계를 더욱 정확히 바라보게 된다. 누군가가 내 말을 되풀이해 줌으로써 내가 자신에게 진실로 귀 기울이고, 내 말의 의미가 보다 온전히 내게 돌아오도록 기회를 주는 것처럼.

넓은 의미에서 '함께 있음'은 돌봄 과정 자체를 특징짓는다. 다른 이를 돌보면서 우리는 기본적으로 그의 세계에서 그와 함께 존재한다고 말할 수 있다. 이는 그저 바깥에서 그에 대해 아는 것과는 다르다. 그렇지만 분명히 상대에 대한 관심은 줄어들 수 있고, 때로는 그 사람과 멀어질 수도 있다. 좁은 의미에서 '함께 있음'은 돌봄의 리듬 안에 있는 한 단계, 즉 상대방과 함께하는 국면을 가리키며, 이와 대조적으로 비교적 서로 소원해지는 국면이 그 뒤를 잇는다. 이때 우리는 그 경험을 검토하고 성찰하면서 더 명료히 이해하게 되고, 이로써 상대에게 더욱 잘 응답하게 된다.

다른 사람을 돌보면서 나는 그를 격려하고, 그가 그 자신이 될 용기를 지니도록 영감을 불어넣는다. 그를 향한 나의 믿음은, 그가 스스로를 믿고 신뢰할 만한 사람이 되도록 격려한다. 그에게는 자신의 성장이 돌보는 이에게 저절로 감탄과 기쁨 또는 만족을 불러일으킨다는 사실을 깨닫는 것만큼 큰 힘이 되는 일도 없을 것이다. 그는 나의 감탄을 통해 자신이 혼자가 아니며 내가 진실로 그를 위해 존재함을 확신하게 된다. 성장하려는 자신의 고군분투에 내가 기뻐한다는 것을 앎으로써 그는 자신을 들여다보게 된다.

나는 그가 무엇을 이루어 왔는지 깨닫고 인식할 수 있게 돕는다. 그것은 마치 내가 그에게 "당신 자신을 보세요. 당신이 무엇을 해냈는지, 당신이 무엇을 할 수 있는지 보세요"라고 말하는 것과 같다. 이와 반대되는 태도는 "도대체 당신이 뭐라고!" 하며 상대가 선을 넘기라도 한 것처럼 상대의 성장에 분노로 반응하는 것이다.

자식을 돌보는 어머니는 아이가 혼자 힘으로 해내기 시작하는 걸 보면 기뻐하며 안아 준다. 이는 아이에게 더 큰 용기로 돌아간다. 몸짓이나 눈길에 담긴 자연스런 기쁨은 종종 언어가 표현할 수 없는 확신을 전달해 주곤 한다.

자연스러운 기쁨이 묻어나는 칭찬을 아첨과 혼동해서는 안 된다. 칭찬을 통해 나는 돌봄을 받는 이와 더 가까워지고, 그를 있는 그대로 바라보게 된다. 하지만 이것이 영웅 숭배처럼 된다면, 나는 상상이 지어낸 인물과 관계를 맺을 뿐, 상대에게는 근본적으로 가닿지 못한다. 또한 칭찬은 내가 과하게 칭송하는 누군가와 비교되도록 다른 사람을 깎아내리는 일이 아니다. 아첨은 돌봄과 아무런 관계가 없다.

나의 돌봄을 통해 성장하고자 하는 사람은 나를 믿어야

한다. 그럴 때에만 그는 내게 솔직해지고 내가 그에게 다가가도록 할 수 있다. 나를 믿지 않는다면 그는 방어적으로 마음의 문을 닫게 될 것이다.

내담자는 심리치료사를 믿어야만 스스로를 열어 보일 수 있다. 그럴 때 내담자는 자신을 바라보고 이해할 수 있는 기회를 스스로에게도 주게 된다. 학생은 교사를 신뢰해야 한다. 그래야 자신의 약점을 드러내면서도 '탄로날' 것을 두려워하지 않게 되고, 교사도 그를 위해 어디에서 시작해야 할지, 무엇을 해야 할지를 더 잘 이해할 수 있게 된다. 아이는 부모를 믿어야만 자신에게 필요한 도움을 얻을 수 있다. 나를 돌보는 이를 믿을 수 있느냐 없느냐는, 내게 와 닿는 그의 진심, 그리고 그에게서 실제로 보살핌을 받고 있다는 나의 느낌에 크게 좌우된다.

한편, 내가 타인을 돌볼 때 나는 그가 스스로 성장하고 자신을 실현하리라고 (그래서 현재와는 다른 모습이 되리라고) 확신하지만, 그 사람이 나를 믿는 이유는 내가 현재의 나이기 때문이다. 현재 내가 그의 성장 속에서, 그를 위해, 그와 함께 존재하기 때문이다.
아이를 보살필 때 나는 아이가 자신의 능력과 경험에

상응하는 결정을 내리도록 격려한다. 아이가 성장하는 여러 길 가운데 하나는, 스스로 결정하고 그에 따르는 책임을 받아들이는 능력을 기르는 것이기 때문이다. 하지만 아이가 어릴수록 배움의 기회가 되는 경험치는 적고, 독립에 필요한 역량도 부족하다. 그래서 아이 대신 내가 중요한 결정을 내리고 그 결정들이 실행되는 걸 지켜보게 된다. 가끔은 아이의 신체적 안전을 위해 그렇게 할 때도 있다.

내가 굳건하게 그러한 결정을 내릴 수 있는 이유는, 그 결정이 아이의 의사결정 능력을 약화시키기보다 강화할 것이며, 결국 그의 독립과 성장을 든든히 뒷받침할 것이라 믿기 때문이다. 가능한 한 나는 내 결정이 권위에 따른 독단적 실행이 아니라는 걸 아이가 인식할 수 있게 노력한다. 그 결정의 이유를 설명하고, 아이를 걱정하기 때문에 그렇게 했다는 걸 행동으로 직접 보여 준다.

다만, 성인을 보살필 때는 그 사람 대신 결정하지 않으려 노력한다. 정보를 제공하고, 대안을 제시하고, 가능한 결과들을 알려줌으로써 그가 스스로 결정을 내리도록 돕는다. 그 모든 과정에서 그것들이 내가 아니라 그가 내리는 결정임을 분명히 인식한다. 그가 스스로 해야 할 결정을 내가 대신 내린다면, 나는 그를 가르치려 들며 아이 취급하게 되는 셈이다. 자신의 삶에 책임지고자 하는 그의 욕구를 부정함으로써 한 인간으로서의 그를 부정하게 된다.

나 자신을 돌보는 일

나는 나 자신에게 무관심하거나, 스스로를 물건처럼 다루거나, 스스로에게 남처럼 굴 수 있지만, 반대로 성장하려는 나 자신의 욕구에 응답함으로써 나 자신을 돌볼 수도 있다. 말하자면, 자신의 보호자가 되어 내 삶에 책임을 지는 것이다. 자기 돌봄은, '돌봄'이라는 속屬에 속한 하나의 종種이다.

헌신, 신뢰, 인내, 겸손, 정직, 그리고 과정의 중요성 같은 돌봄의 모든 특성은 자기 돌봄에도 똑같이 적용된다. 다만 상대와의 합일은 조금 다르게 이해되어야 한다. 타인을 돌볼 때는 상대가 그 자체로 존재한다고 인식하고, 그러한 인식을 전제로 상대를 돌본다. 그러나 자기 돌봄의 경우에 상대는 나와 분리된 존재가 아니다. 나 자신을 돌보려면 나는 스스로를 타자로 느낄 수 있어야 한다.(외부로 보이는 내 모습을 보는 것처럼 내면의 시각에서도 나 자신을 바라볼 수 있어야 한다.) 이와 동시에, 나 자신과 단절되고 멀어지는 게 아니라 나 자신과 하나됨을 느껴야 한다.

돌봄과 관련된 관념들 가운데 어떤 것들은, 자기 돌봄에 액면 그대로 적용할 경우 다소 뒤틀리고 부자연스러워진다. 예를 들어, "상대가 성장하도록 도우면서 나 또한 성장한다"는 말은 "나 자신이 성장하도록 도우면서 나 또한 성장한다"가 되고, "다른 사람을 돌볼 때, 우리는 그 사람이 스스로를 보살피도록 돕는다"는 말은 "나 자신을 돌볼 때, 나는 나 자신이 스스로를 보살피도록 돕는다"가 된다.

자기 중심성은 자신에 대해 병적으로 집착하고 타인의 욕구에 둔감한 것을 말한다. 그러나 나 자신을 돌보는 데에는 어떠한 자기 중심성도 없다. 자기 도취와 남들이 나를 존경하는지 아닌지에 집착하는 것은 자기 중심성의 특징인데, 이는 자기 자신이 성장하도록 돕는 일과 아무런 관련이 없다. 사실 자기 중심적인 사람은 본래 자기 자신에게 관심이 없다. 그는 자아를 실현하려는 자신의 욕구에 기본적으로 무관심하기 때문에 스스로를 정직하게 들여다보지 않으려 한다. 자기 중심성과 함께 나타나곤 하는 자기 만족은, 성장하고자 하는 자신의 욕구에 응답하는 것과 정반대의 것이다.

또한 자기 돌봄은 내 외부의 어떤 것 또는 누군가를 돌보려는 나의 욕구를 따르는 일이기도 하다. 나 자신이 아닌 누군가 또는 무언가를 보살핌으로써 나는 자신을 온전하게 할 수 있다. 내가 아닌 누군가 또는 무언가를 돌볼 수 없다면, 나는 나 자신도 돌볼 수 없다.

성장한다는 것이 무엇인가를 이해하고 인식하는 사람, 자신의 성장 욕구를 이해하고 그것을 충족시키고자 하는 사람만이 상대의 성장을 올바르게 이해하고 인식할 수 있다. 나 자신과 관계 맺는 방식과 비슷한 방식으로 타인과 관계 맺기 때문이다.

타인을 돌보는 일이 곧 나 자신을 돌보는 일이기도 하다고(내가 나 자신을 돌볼 수 없다면, 다른 사람을 돌볼 수도 없다고) 본다면, 사람이 아닌 다른 어떤 것을 돌보는 일은 나 자신을 돌보는 일과 그만큼 가까운 관계로 보이지 않는다. 때로 작가나 화가는 스스로를 돌볼 줄 모르면서도 자신의 작품을 돌볼 수 있는 것처럼 보일 때가 있기 때문이다.

5부

삶에
질서와 의미를
부여하는 돌봄

다른 가치들에 질서를 부여하는 돌봄

지금까지 돌봄의 양상을 살펴보았지만, 한 사람의 삶이라는 더 큰 맥락 안에서 돌봄이 차지하는 위치를 살펴보지는 않았다. 이제 나는 누군가의 삶에서 돌봄이 하는 역할과 포괄적인 돌봄을 통해 통합된 삶의 본질을 들여다보고자 한다.

돌봄은 그것과 관련된 활동과 가치들에 질서를 부여하는 한 방식이다. 누군가 또는 무언가를 돌보는 일이 우선이 되면 다른 활동과 가치는 부차적인 것이 된다. 돌볼 능력이 없었거나 돌볼 누군가 혹은 무언가가 없었던 사람이 어떤 대상을 돌보게 되면, 예전에 중요하게 느꼈던 많은 일들은 그 의미를 잃고 돌봄과 관련된 문제들이 새로운 중요성을 지니게 된다.

예를 들어, 내가 어떤 일을 돌볼 기회를 갖게 되었다면 예전에는 무척 중요해 보였던 (내가 남보다 더 나은가 하는) 지위의 문제는 무의미해진다. 아이를 돌보는 부모가 되면 예전에는 알아채지 못했던 아동의 복지와 성장을 둘러싼 우리 사회의 제반 요소들이 갖는 중요성을 깨닫게 된다.

가능한 한, 나는 돌봄을 가능하게 하는 조건을 최대한 확보하고 보호하면서 돌봄의 조건과 양립할 수 없는 것들은 배제하고, 돌봄과 무관한 것들은 부차적으로 둘 것이다. 이런 질서 부여는 나 자신을 부정하고 삶과 단절시키는 외부의 강요가 아니라 오히려 아무런 강제성 없이, 꽃봉오리가 벌어지듯 삶 속에서 자연스레 펼쳐진다. 그 질서는 삶을 향해 나를 더욱 활짝 펼쳐 보이고, 나를 자신뿐 아니라 다른 존재들과 더욱 교감하게 만들어 준다는 점에서 나를 해방시켜 준다. 마치 진정으로 흥미롭다고 여기는 것을 중심으로 시간을 조직할 때 내 삶이 더욱 의미 있어지는 것과 같다.

돌보는 사람은 타인의 보살핌을 소중히 여기고 다른 이들에게 돌봄을 격려하며 이끌어내는 경향이 있다. 그는 뭔가에 진정으로 흥미를 느끼는 사람이 비슷한 다른 사람에게 반하듯 다른 돌보는 이들에게 이끌린다. 나의 돌봄이 충분히 포괄적일 때, 그것은 삶의 모든 영역에 나를 깊숙이 끌어들이고, 풍성한 결실을 맺도록 질서를 만든다. 이때 돌봄은 내 활동과 경험을 통합시키는 중심이 된다. 그리하여 자아와 세계가 지속적으로 깊은 조화를 이루게 해 준다.

그러한 조화는 서로 무관한 경험들로 채워진 세계 속의 분열된 자아, 작위적으로 질서가 강요된 자아나 세계와 대조를 이룰 뿐 아니라, 포괄적인 헌신이 없는 삶과도 다르다. 포괄적 헌신이라 해도, 결국 자신을 자아와 분리시키는 종류의 잘못된 헌신이라면 그런 삶은 이러한 조화와 관계가 없다. 자아와 세계의 조화가 깊이 자리 잡는 것은, 자신을 세계에 수동적으로 끼워 맞추거나 세계를 우리 의지에 종속시키는 시도와도 구별된다.

그러한 포괄적인 질서를 부여하기 위해서는 특정한 상황이나 활동을 포기해야 한다. 그런 점에서 일종의 복종의 성격을 띤다고도 말할 수 있다. 그러나 이 복종은 장인이 자신의 규율과 재료의 요구에 자발적으로 따르듯, 근본적으로 자신을 자유롭게 하고 지지하는 행위이다.

내가 오랫동안 외면하려 했던 어떤 진실을 받아들인 결과 자유로워지는 것과 같다. 일렁이는 분노를 품은 채 체념하는 게 아니라 받아들이는 것이고, 마침내 이 길이 아니면 안 된다는 사실을 깨닫게 되는 것이다.

이 복종을 통해 나는 가식을 포기하고, 스스로를 있는 그대로 받아들이게 된다. 내가 바라는 대로가 아니라, 실제로 존재하는 그대로 삶의 조건을 바라보게 된다. 그것은 개과천선하고 과거를 청산함으로써 이전 삶의 방식을 거부하는 것과는 매우 다르다. 과거의 자신을 인정할 수 없어 나의 과거로부터 멀어지는 것이 아니라 나의 과거, 지금까지의 내 자아가 확장되어 더욱 발전적인 삶을 누리는 것이기 때문이다.

나를 '제자리'에 존재하게 하는 돌봄

포괄적인 돌봄을 통해 삶을 정돈함으로써 우리는 이 세계에서 '제자리in place'•에 존재하게 된다. '제자리에 존재한다'는 것은 '제자리에서 벗어나' 있거나, '잘못된 자리'에서 도망치려고 하거나, '자기 자리'를 찾아다니거나, 또는 '자리'에 무관심하고 둔감한 것과는 반대되는 것이다.

이미 마련된 자리가 우리를 기다리고 있는 것이 아니다. 상자 안에 든 동전처럼 정해진 자리가 있는 것이 아니다. 스스로를 '발견'하는 사람은 스스로를 '창조'해 낸 것이 분명하듯이, 우리는 우리의 자리를 발견하고 또한 만든다.

제자리에 존재한다는 것은 우리가 지난날 서먹했던

• 제자리(In place)는 이 책에서 기술적(記述的) 용어로 쓰이며, 중요한 의미를 갖는다. 저자는 일상적 의미로 쓰이는 경우와 구별되게 하이픈을 넣어(in-place) 사용한다. '제자리에 존재하기Being in-place'를 '장소-내-존재'라는 개념어로 번역하기도 한다. _옮긴이 주

자리로 다시 돌아가듯 단순히 화해한다는 뜻이 아니다. 그것은 우리 삶에 근본적으로 새로운 무언가가 나타나는 일이다. 자신의 삶에 대한 완전한 책임을 받아들이게 될 때, 삶에 변화가 일어나는 것과 마찬가지이다.

제자리에 존재한다는 느낌은 전적으로 주관적인 것도 아니며, 단지 느낌에 그치는 것도 아니다. 그것은 내가 세계의 다른 존재들과 실제로 관계 맺고 있음을 표현하는 것이기 때문이다.

제자리는 고정된 소유물처럼 내가 갖고 있는 것이 아니다. 오히려 내가 제자리에 있을 수 있는 것은 여러 대상들과 관계를 맺고 있기 때문이다. 제자리는 한 번의 결정으로 확보되는 것이 아니라, 계속해서 새로워지고 재확인되어야 한다. 우리는 성장하고자 하는 상대의 욕구에 응답함으로써 제자리를 찾기 때문이다.

다시 말하지만, 제자리는 정해진 것이 아니며, 하나의 사물 또는 고정된 상태가 아니다. 우리는 고유한 자기 자리를 발견하기 전까지는 마음 깊은 곳에서부터 스스로를 불안하게 여기다가, 제자리를 찾았을 때에야 안정감을 느낀다. 하지만 이 안정은 정적이기보다는 역동적인 것이다.

'현재'가 시간적이며 공간적인 것처럼, '제자리' 또한 공간적인 동시에 시간적인 성격을 띤다. "그 사람 요즘 어디에도 없어"라는 일상적인 표현이 어떤 의미를 지니든, 누군가의 자리가 없다는 것은 그 사람과 그 삶의 방식에 어떤 부족함이 있다는 것을 의미한다.

제자리를 찾은 이들은 시공간의 특정한 위치와 밀접한 관계가 있을 수 있다. 예를 들어 어떤 화가는 넓고 개방된 공간에서만 작업할 수 있고, 또 어떤 작가는 고향이나 모국의 환경을 벗어나서는 글을 쓸 수 없을 것이다. 이처럼 '제자리'가 어떤 위치를 전제한다 하더라도, 이는 단순히 또는 우선적으로 지리적 위치의 문제가 아님은 분명하다.

또한 제자리에 존재한다는 것이 일반적인 인정이나 사회적 수용을 의미하지도 않는다. 독창적인 예술가가 당대의 유행과 발맞추지 못할 때처럼, 자신이 몸담고 있는 사회에서 소외될 수도 있기 때문이다. '제자리에 존재하기'는 계급화된 사회에서 불공평한 차별을 당연시하는 '분수를 알아야 한다'는 표현과도 아무런 관계가 없다. 때로는 '분수를 알기에' 영원히 제자리를 찾지 못할 수도 있다.

자기 과시와 관련된 '자리'의 보편적인 의미 또한 돌봄과는 아무 관련이 없으며, 여기서 말하는 '제자리에 존재하는' 것과 혼동해서는 안 된다. 누군가를 '밖으로' 소외시키고 자신이 '안에' 있는 존재가 된다는 의미에서 제자리에 있다는 것은, 내가 다른 이들을 자리 잡지 못한 사람으로 느끼고 그들을 나보다 못한 사람으로 여긴다는 의미이다.

이와 반대로, 내가 제자리를 찾는 것은 남들을 그 자리에서 배제하는 것과는 아무런 관계가 없다. 그러므로 제자리를 찾지 못한 사람들과 자신을 비교하거나 그들에게 우월감을 느낄 필요가 없다. 물론 어떤 사람의 돌봄에 꼭 필요한 조건들에 간섭함으로써 그 사람이 제자리를 찾는 걸 가로막을 수도 있지만, 원칙적으로 모든 사람은 제자리를 찾을 수 있고 돌봄에 의미 있게 뿌리내린 삶을 살아갈 수 있다.

내가 제자리에 존재할 수 있을 만큼 충분히 포괄적인 돌봄이 되려면, 그 돌봄은 나의 고유한 능력에 뿌리를 두어야 한다. 자신을 주변부에만 머물게 해서는 안 되며, 나만의 특별한 재능을 활용할 수 있어야 한다. 내 고유의 능력을 충분히 펼치지 못하면 그 돌봄은 내 삶을 의미 있게 정돈할 수 없다. 또한 온전히 관여하지 못한 채 다소 거부당한 느낌을 받을 수도 있다.

어떤 돌봄은 내게 꽤 중요하지만 내 삶의 중심이 될 만큼 충분히 나를 관여시키지 않을 수도 있다. 우리가 자신을 무언가에 억지로 궁금해하도록 만들거나 관심을 갖게 만들 수 없는 것처럼 특정한 돌봄이 실제보다 포괄적이도록 강제할 수 없다. 어떤 돌봄이 충분히 포괄적일 수 있는지 여부는 실제로 살아가면서 다른 돌봄과 함께 그것이 내 삶에 질서를 부여하고 나의 삶을 잘 통합시켜 줄 수 있는지를 보면 알 수 있다.

그뿐 아니라, 돌봄이 충분히 포괄적이기 위해서 우리는 우리 자신을 돌보아야 한다. 성장하고자 하는 자신의 욕구에 응답하지 못하는 사람은 결코 제자리를 찾지 못하기 때문이다. 앞서 살펴보았듯, 자신을 돌본다는 것은 적어도 나 자신 이외의 대상을 돌보고자 하는 근본적인 욕구에 응답한다는 것을 의미한다.

더 나아가, 내가 제자리에 존재할 수 있을 만큼 돌봄이 포괄적이기 위해서는 내가 관여하는 여러 돌봄이 서로 조화를 이루며 공존해야 한다. 예를 들어 내 일을 돌보는 것과 가족을 돌보는 것, 또는 나 자신을 돌보는 일과 타인을 보살피는 일이 근본적으로 양립할 수 없다면 내 삶은 조화롭게 질서를 유지할 수 없다.

이따금 돌봄들 사이에서 우선순위의 충돌이 일어난다 해도 조화가 무너지는 것은 아니다. 때로는 저 돌봄보다 이 돌봄을 먼저 해야 할 때도 있지만 그 갈등은 오랜 시간에 걸쳐 균형을 찾으면서 해결된다. 모든 소중한 우정과 행복한 가정이 결국에는 이러한 갈등을 조정해 내는 것과 같다.

우리의 삶을 의미 있게 정돈하기 위해 얼마나 많은 돌봄들이 필요한가는 물론 개인에 따라 다르겠지만, 그 수는 그리 많지 않다. 우리는 동시에 많은 것들에 진정으로 헌신할 수 없기 때문이다. 아는 사람이 많을 수는 있지만, 많은 친구를 가질 수 있다고 생각한다면 그것은 스스로를 속이는 일이다. 적어도 우리에게는 시간이 그만큼 충분하지 않기 때문이다.

나의 '적절한' 상대를 돌본다는 것

문제를 단순화하기 위해, 나를 제자리에 존재할 수 있도록 하는, 내가 충분히 포괄적으로 돌보는 대상들을 '적절한 상대appropriate others'라고 일컬을 것이다. 물론 '적절한'이라는 낱말은 중요하지 않다. 그 대신 '온전하게 하는'이란 표현이 더 나을 수도 있다. 나의 적절한 상대는 나를 보완하고 나를 온전하게 만든다. 음악을 연주함으로써 뮤지션이 그 자신으로 존재할 수 있듯이.

우리는 때로 "이 흥미로운 일을 발견하기 전까지 나는 불완전한 사람이었어"라거나, "당신을 만나기 전까지 나는 불완전하다고 느꼈어요" 혹은, "가정을 이루고서야 나는 마침내 완전하다는 느낌이 들었어요"라는 말을 한다. 이 온전함은 이제 무언가를 그럭저럭 완성해 낸 것처럼 성장의 종료를 뜻하는 게 아니라, 오히려 내가 지속적으로 성장할 수 있는 최적의 상태가 되었음을 말한다.

내 적절한 상대들과 나 자신과의 관계는 탁자와 의자의 관계처럼 외적인 것이 아니다. 나는 그들을 나 자신의 확장으로 느끼고, 그들의 성장과 나의 성장을 동일시한다. 그러나 그 관계는 기생적이지 않다. 그들은 나의 일부로서 그들 자신과 나, 모두를 지지한다.

모든 돌봄의 경우에 내가 상대를 어떤 의미에서 나의 일부로 느낀다 해도, 그것이 나를 완성시켜 주는 적절한 상대라고 느낄 때 그 경험은 훨씬 더 강렬해진다. 그러한 대상에게 내가 무관심하면 그것은 결국 나 자신에 대한 무관심으로 드러나며, 그렇게 시간이 흐르면 나는 제자리를 잃게 될 것이다. 따라서 제자리에 존재한다는 것은, 나의 적절한 상대를 돌보는 일이 중심이 되고 그것에 의해 통합된 삶을 사는 일이다. 그리고 거듭 말하지만, 내가 돌보는 대상 가운데는 늘 나 자신이 포함되어 있어야 한다.

나와 별개인 내 적절한 상대들에 관해 간단히 말하자면, 그들은 이미 완성된 모습으로 나를 기다리는 존재가 아니다. 그들은 나와의 관계 속에서 꾸준히 발전하여,

다른 돌봄들과 함께 나의 삶을 의미 있게 정돈하는 중심이 된다. 그들이 성장하도록 도우면서 나 자신도 변화하고, 나의 적절한 상대들을 발견하고 발전시키면서 새로운 나 자신을 발견하고 창조하게 된다.

이것은 이상ideals이 단순히 공표에 머물지 않고 내 삶에서 실제로 작동하며 중요해지는 것과 마찬가지다. 나는 이상을 기성품으로 여기지 않는다. 내가 이상에 따라 행동함으로써 이상은 발전되고 명확해져야 한다. 이상은 실현되고 확장되고 보호되어야 한다. 이상을 완전히 실현하기 위해, 나는 말하자면 그 이상이 되어야 한다. 그리고 이상을 나의 일부로 만듦으로써 나 또한 변화한다. 상대가 내 삶의 중심이 될 수 있을 만큼 성장해야 하듯, 나 또한 포괄적인 상대들을 가질 수 있는 존재로 성장해야 한다. 다시 말해, 나는 무언가를 위해 뜻깊게 헌신할 수 있는 사람으로 성장해야 한다.

독창적인 생각, 말하자면 발생 단계의 어떤 철학적 관념이 나의 적절한 상대가 되었을 때, 그 관념과 내가 서로 발전하는 과정을 살펴보자. 나의 노력으로 그 관념은 무정형의 지엽적인 것에서 보다 명확하고 내 삶에서 중심이 되는 것으로 성장해 왔고, 나는 그 관념을 나 자신의 것으로 만들어 왔다. 이는 소유의 의미가 아니라, 내가 그 관념을 존재하는 자체로 경험하면서 거기에 동화되고 헌신해 왔음을 의미한다. 그 관념이 나와 깊은 관계를 맺으며 그 결실로서 내 삶을 정돈하는 수준으로 성장하도록 돕는 과정에서 나 또한 변화한 것이다.

친구가 나의 적절한 상대가 되었을 때, 그와 내가 서로 발전하는 과정을 살펴보자. 친구에게 변화가 일어나고, 나 또한 친구와의 관계 속에서 의미 있게 성장해 왔다. 내 눈만이 아니라 그의 눈으로 세계를 바라보게 되면서, 나의 자아는 확장되고 세계에 대한 이해가 넓어졌다.

누군가 혹은 무언가가 적절한 상대인지 아닌지는 단기적 관점, 장기적 관점에 따라 달라질 수 있다. 단기적 관점에서 어떤 사람이 집필하고 있는 책은 그의 적절한 상대일 수 있다. 그러나 장기적 관점에서 그 상대는 그의 모든 저술에 담긴 특정한 관념이나 이상일 수 있다. 따라서 그가 어떤 책을 저술하며 돌보는 일은, 그 관념이나 이상을 발전시키는 하나의 방법으로도 이해될 수 있다.

단기적인 관점에서만 본다면 작가가 한 책을 끝내고 새로운 집필을 시작할 때, 그는 자신의 적절한 상대를 바꾼 것이다. 이 경우 지속적인 헌신의 대상을 인식하고 이해하기가 불가능할 것이다. 하지만 장기적인 관점에서 보면 그의 적절한 상대는 근본적으로 변하지 않았다. 만일 그가 집필을 멈추고 자신의 생각을 돌보는 방법으로 다른 일을 시작한다 해도 이는 마찬가지이다.

나는 나의 적절한 상대들의 부름에 언제나 응답할 준비가 되어 있다. 이는 내가 개방적이고 수용적이어서 언제나 상대의 요구에 응하는 것이 가능하다는 의미가 아니다. 비상시에는 '비번'인 사람도 연락을 받듯이 그의 부름에 응답하는 것이다. 적절한 상대를 돌보는 사람은 상대가 정말로 자신을 필요로 할 때 늘 그에게 도움이 되고자 한다. 부모는 다른 일을 하다가도 자식을 돌보는 일로 돌아간다. 의사는 언제든 환자의 문의를 받는다. 화가는 자기 작품의 부름에 즉시 반응한다. 어디에 있든, 무얼 하고 있든 나는 그 부름에 응답할 준비가 되어 있다. 이런 의미에서, 나는 언제나 대기 중이라고 말할 수 있다.

나의 적절한 상대를 보살필 때 신뢰, 희망, 용기는 더욱 분명하게 드러난다. 상대가 내게 없어서는 안 될 존재일수록 돌봄의 양상은 더욱 온전하게 무르익으며, 돌봄의 다양한 요소들 또한 한층 명확히 식별되기 때문이다.

내 삶의 의미를 산다는 것

적절한 상대를 발견하고 그의 발전을 도우면서, 나는 내 삶의 의미를 발견하고 창조한다. 적절한 상대를 돌보면서 내가 있어야 할 자리에 존재하며 내 삶의 의미를 살아간다. 이 의미는 내 삶의 바깥에 존재하다가 덧붙여진 것으로 느껴지지 않는다. 거기에는 내 존재에 뿌리내린 당위성과 필연성이 있다. 그 의미는 내 것으로 인식되며 나는 내 삶의 목적을 깨닫는다. 무엇이 나를 특히 필요로 하는지, 내가 헌신해야 할 상대가 무엇인지를 깨닫는 것이다. 상대가 성장을 위해 내게 구체적으로 요구하는 것들이 내 삶의 의미를 살 수 있게 해 준다. 바꾸어 말하면, 나를 필요로 하는 것이 무엇인지를 발견하지 못한다면, 나는 삶의 의미를 찾을 수 없다.

하지만 내 삶의 의미를 다른 누군가가 주지는 못한다. 내 삶의 의미는 나만이 만들어 낼 수 있다. 이미 정해져 있어서 그저 알아내기만 하면 되는 것이 아니라, 나 스스로 내 삶의 의미를 창조하고 발견해야 한다. 이는 한 번에 성취할 수 있는 것이 아니라 끊임없는 과정 속에서 이루어진다.

내 삶의 의미를 산다는 것은 나의 적절한 상대들을 돌봄으로써 제자리에 존재하는 것이다. 물론 그러한 삶이 반드시 큰 행복과 위안으로 이어지는 것은 아니다. 그 삶에는 많은 역경과 슬픔이 자리할 수 있으며, 문화적으로 항상 풍요로운 삶일 필요도 없다. 그러나 명확한 의미에서 그것은 나 자신의 삶이고, 내 존재에 뿌리내리고 있으며, 내게 낯설지 않다. 나는 어떻게 살고 있는가, 나는 진실로 누구인가, 혹은 나는 어떻게 살아야 하는가 사이에 현저한 간극은 전혀 존재하지 않는다. 내가 다른 어떤 곳에서 다른 일을 하고 있어야 한다고 느끼지 않는다. 내 삶의 방식은 내 능력과 한계에 상응한다.

"삶의 의미가 무엇인가"라는 질문이 무의미한 질문이 되지 않으려면, 내가 그 질문에 답할 수 있는 유일한 길은 내 삶의 의미를 발견하고 그대로 살아가는 것뿐이다.

어떤 목적 때문에 삶에서 의미를 느끼거나, 의미 있는 시간들을 체험하거나, 다른 사람들로 하여금 내 삶을 의미 있는 것으로 바라보게 하는 것이, 내가 내 삶의 의미를 산다는 걸 뜻하지는 않는다.

나는 나의 적절한 상대들의 요구에 응답함으로써 소명을 갖게 된다. 이는 상대들이 나를 위해 예정되어 있다는 의미가 아니다. 그보다는 그들을 보살피도록 내가 선택되거나 '발탁'된 것과 같다. 그것은 나의 고유한 과업인 것이다. 그렇다고 내가 발탁된 것이 다른 누군가보다 더 나아서가 아니다. 다른 누군가를 밀치고서 선택된 것도 아니다. 내가 나의 개별성을 더 뚜렷이 인식하고, 이것이 나의 과업이라는 의미에서 구별된다 해도, 나는 동료들과 단절되지 않는다. 오히려 나는 그들 또한 그들 고유의 과업에 선택될 수 있다는 걸 더욱 잘 이해하고 인식할 수 있기 때문에 그들과 더 가까워진다. 이런 의미에서 선택된다는 것은 외부로부터 일어난 일을 내가 수동적으로 받아들인다는 뜻이 아니다. 나의 적절한 상대들을 발견하고 성장을 도움으로써 나는 자신이 선택되는 데 일조한 것이다.

우리가 삶의 '방향성을 지닌다'고 말할 때, 그 의미는 대개 무언가(목표, 목적, 흥미, 사람, 이상)에 매혹되어 그에 따라 행동하거나, 충분히 포괄적인 그것에 집중함으로써 우리의 활동을 조율하고 삶에 어떤 연속성을 만든다는 의미이다. 그러나 이런 종류의 방향성은 그 내용과 가치가 다른 삶의 방식에서도 발견될 수 있다. 그것은 자기를 이해하고 자신의 삶을 책임지는 태도와 함께 나타날 수도 있지만, 반대로 독재자에 대한 맹목적인 충성에서 비롯되는 방향성이 그러하듯 자기 이해의 결여나 책임 회피, 혹은 포기의 태도와 함께 나타날 수도 있다. 단순히 방향성을 가진다는 것만으로 내가 내 삶의 의미를 산다고 말할 수는 없다.

나는 적절한 상대를 돌봄으로써 내 삶의 의미를 살아가고 있기에 다르게 살 수 있고, 다른 대상을 (물론 나 자신은 제외하고) 만날 수도 있으며, 그러면서도 여전히 내 삶의 의미를 살 수 있다. 그러나 내가 얼마나 다양한 상대를 만날 수 있는가는 내 고유한 능력과 한계, 내가 처한 전반적인 상황, 그리고 내가 가용할 수 있는 자원에 달려 있다. 어떤 이들은, 특히 일의 영역에서 자신이 포괄적으로 돌볼 수 있는 상대가 매우 제한적일 수 있다. 또한 특정 영역에 진입할 수 없는 경우, 그 사람은 자신의 삶의 의미를 발견하며 살기가 어려울 수도 있다.

무엇보다도 나의 삶의 의미가 가장 우선이라고 생각하면서, 이것이 상대를 돌보는 일보다 중요하다고 여기는 것은 잘못이다. 이 경우 돌봄은 더 중요하다고 느껴지는 무언가를 성취하기 위한 수단이 된다. 하지만 나는 내 삶의 의미를 살기 위해서 상대를 돌보는 것이 아니다. 오히려 돌보는 일을 중심에 두고 살 때, 자연스럽게 내 삶의 의미를 살 수 있다. 내가 돌보는 상대들이 내게 무엇보다 우선이기 때문이다.

6부

돌봄을 통해 질서가 부여된 삶의 주요 특징

기본적인 확실성

제자리에 존재한다는 것에는 오래 지속되는 안정성이 깃들어 있으며, 이는 전반적인 삶의 방식과 맞닿아 있다. 이때의 안정성은 어떤 일시적 상태나 특정 상황에만 해당하는 것이 아니다. 안정되고 중심 잡힌 삶을 살 때, 부조화를 이루는 일상의 경험들 또한 쉽게 소화할 수 있다.

이런 전반적인 안정감은 많은 스트레스를 견딜 수 있게 하며, 헌신이 그러하듯 어려움을 극복하면서 더욱 단단해진다. 이 안정성은 일체화된 목적이나 목표를 가질 때 생기는 든든함, 있는 그대로가 아닌 다른 어떤 것인 양 꾸미려는 욕구를 극복했을 때의 단단함, 또는 우리 자신의 가치를 올바르게 인식했을 때의 자신감과도 닮아 있다.

이 안정성은 양가감정 속에서 표류하면서 자신이

누구인지 그리고 무엇을 하려 하는지를 둘러싼 깊은 불안과는 반대되는 것이며, 근본적인 불안을 바탕으로 하는 광신도의 확신과도 본질적으로 다른 것이다. 그런 확신은 마치 바닥에서 자면 더 이상 침대에서 떨어질 걱정을 할 필요가 없는 것과 같다.

기본적인 확실성으로 이런 안정감을 이야기하는 것은, 진리나 특정한 지식을 소유했다고 주장하는 것과는 전혀 관련이 없다. 어떤 권위나 신념을 고수하는 데서 비롯되는 확실성과 혼동되어서도 안 된다. 기본적인 확실성이란, 바위에 매달려 있는 것이라기보다는 세계 속에 뿌리를 내리고 있는 것에 가깝다. 그 덕분에 우리는 세계를 향해 열린 마음으로 교감할 수 있다. 반면 뭔가에 매달릴 때 우리는 경험과 단절되고, 우리가 과연 누구에게 또는 무엇에 매달리고 있는지조차 확신하지 못하게 된다.

또한 기본적인 확실성은, 자신을 직면하기를 회피하고 스스로에게 정직하지 않음으로써 얻고자 하는 확실성과도 아무런 관계가 없다. 우리는 때로 중대한 개인적인 이해관계가 걸린 문제에서 부정적인 증거를

애써 무시함으로써 확실성을 얻고자 하지만 그것은 기본적인 확실성과는 아주 다른 것이다.

기본적인 확실성은, 확실하다는 느낌이나 현재와 미래에 관한 절대적인 보증을 획득하려는 욕구에서 벗어날 것을 요구한다. 기본적인 확실성이 뿌리 깊은 안정성에 기반하고 있다고 여길지 모르지만, 그것은 상처받기 쉬움을 받아들이는 것이자 안전 확보에 대한 집착을 포기하는 것이다. 돌봄을 중심에 둔 삶의 안정성은 지속적으로 획득해야 하는 것으로, 한 번 획득하면 영구히 보장되는, 정적인 것이 아니다.

기본적인 확실성은, 위험한 세상에서 마음이 흐트러지지 않으려는 금욕주의적인 결심처럼 우리 내면에 존재하는 것이 아니다. 그것은 우리가 상대와 관계 맺는 고유한 방식과 관련된 것이기 때문에, 파생적이고 추상적인 의미에서만 개인의 속성으로 여길 수 있다. 우리는 보다 진지한 자세로 삶 속으로 들어감으로써 격려받고 지지받는다. 삶의 의미를 사는 일이 방해를 받는다면, 기본적인 확실성도 방해를 받는다.

나의 적절한 상대들이 나를 필요로 하는 데서 자라나는 소속감이 나로 하여금 뿌리를 내릴 수 있게 해 준다. 그 소속감은 기본적인 확실성의 한 요소이다. 나의 적절한 상대들이 나를 필요로 하며 나를 신뢰하기에, 말하자면 그 상대들이 존재하기에 그런 소속감이 생겨난다. 누구도, 무엇도 필요로 하지 않아 아무 데도 소속되지 못한 사람의 삶은 바람에 흩날리는 나뭇잎과 같다.

나는 필요한 존재이고자 하는 욕구를 지닌다. 상대들이 나를 필요로 하는 것만큼 나 또한 그들을 필요로 한다. 이런 의미에서 소속된다는 것은 자아실현과 밀접한 관계가 있다. 이런 소속감은 스스로의 온전함을 잃게 만드는 병적인 의존과는 매우 다르다.

안과 밖의 일치는 기본적인 확실성의 또 다른 요소이다. 내가 제자리에 존재한다면, 내가 표명하는 가치들과 내가 실제로 어떻게 사는가 사이에, 그리고 내가 생각하는 것과 나의 삶 사이에, 또한 내 행동을 안에서 스스로 바라보는 모습과 밖에서 남들이 보는 모습 사이에 간극이 생겨나지 않는다. 나의 삶이 내가 믿는 가치가 무엇인지를 증언한다. 안과 밖이 커다란 차이를 보인다면, 나는 내 행위들 속에 온전히 존재하지 않는 것이다. 그러면 자신의 내부가 분열되고, 끝내는 내가 누구인지, 무엇을 하려는 건지도 불확실해질 것이다.

기본적인 확실성 속에서 우리는 무수히 잡다한 것들을 없앰으로써 명료함 또한 발견한다. 돌봄을 둘러싸고 삶을 재창조함으로써 내 삶 속에 단순화가 일어난다. 돌봄과 양립할 수 없거나 무관한 많은 것들은 사라지고, 내가 누구이고 무엇을 하려는가에 관해 근본적인 명료함이 생겨난다. 이런 명료함은, 이를테면 지위의 문제에 사로잡혀 있다가 벗어났을 때 생길 수도 있고, 정말 흥미를 느끼는 일에 몰두하거나 내가 진실로 무얼 원하는지, 그것을 이루기 위해 어떤 수단이 필요한지를 인식할 때 생겨날 수도 있다. 혹은 나 자신이 아닌 다른 누군가인 척 가장하려는 욕구를 극복했을 때 얻어지기도 한다.

잡다한 것들을 버리면 삶은 덜 복잡해지고, 사건들 사이의 중요한 연관성이 훨씬 잘 보인다. 내가 경험하는 것들의 의미가 훨씬 가뜬하게 다가온다. 삶은 더욱 솔직해지고, 진실로 중요한 것이 더욱 또렷하게 두드러진다. 그러한 명료함이 없다면, 뿌리 깊은 안정성은 불가능하다.

잡다한 것들은 새로운 가능성을 창조하는 걸 방해한다. 뿐만 아니라 쉽게 싫증나게 만들고 둔감하게 만들기 때문에, 내 앞에 있는 것에 집중하며 이미 존재하는 가능성들을 알아채는 걸 방해한다. 예를 들어, 작가는 때로 동시에 너무 많은 아이디어와 씨름하느라 꼼짝 못하는 경우가 있다. 아이디어들이 서로를 가로막는 것이다. 당장의 주안점에 집중해 직접 관계 있는 것들로 주제를 한정할 때 아이디어들 '간에' 충분한 공간과 시간이 생겨나고, 그 의미들의 반향이 울려 퍼지고, 작가는 여러 아이디어들의 중요한 연결 고리를 볼 수 있게 된다. 잡다한 것들은 내 '삶의 공간'을 좁게 만들고 자유롭게 행동하는 걸 방해한다. 그에 반해, 근본적인 것에 응답함으로써 이루어지는 단순화는 나의 공간을 확장하고 해방시켜 준다.

결과적으로 삶이 간소해짐으로써 삶에 깊이가 더해진다. 공간과 시간이 더욱 확장되면서 상상력이 더욱 넓게 펼쳐지고, 새로운 가능성들이 활짝 열리게 된다. 나는 내가 무얼 하고 있는지 알 수 있고, 어떤 것에 더욱 쉽게 집중할 수 있으며, 그것과 나의 관계를 발전시킬 수 있다. 잡다한 것들이 집중을 방해하는 일종의 소음이라면, 단순화와 기본적인 확실성에는 고요함 같은 것이 함께한다.

내 삶의 의미를 살 때와 마찬가지로 기본적인 안정을 획득하는 것이 우선이고 돌봄은 단순히 이 목표를 이루기 위한 수단이라고 생각하는 것은, 근본적으로 둘을 혼동하는 것이다. 이런 식으로 상대를 이용하는 것은 돌봄을 가로막고 기본적인 확실성을 불가능하게 만든다. 기본적인 확실성을 획득하기 위해 돌보는 것이 아니라, 돌봄을 중심에 둔 삶이 이러한 안정을 실현하는 것이다. 궁극적으로, 안정을 이루는 것에 대해서는 잊고 우리를 필요로 하는 대상들과 관계 맺는 일에 집중할 때 비로소 안정이 찾아온다.

그 자체로 충분한 삶의 과정

내 삶의 의미를 살 때, 본질적으로 삶의 과정은 그 자체로 충분하다고 느껴진다. 이때 충분함은 완벽하다는 뜻이 아니다. 우리가 친구나 어떤 책, 또는 대화나 음악 공연 같은 것이 완벽하지는 않지만 '충분히 좋다'고 말할 때, 그것은 더 이상 개선이 불가능하다고 믿기 때문이 아니다. 설령 개선이 된다 해도 본질적으로 그 중요성은 달라지지 않을 거라는 의미이다. 삶은 살아가는 과정에서 충분하다고 느껴지며, 내가 원하는 것은 단지 이 삶을 살 기회를 갖는 것뿐이다.

'충분히 좋다'는 건 물론 고통이 없는 최대한의 행복을 의미하는 게 아니다. 돌봄은 때로 갈등을 동반하며, 우리는 좌절을 겪기도 한다. 어느 한 가지도 쉬운 게 없다. 또한 '충분히 좋다'는 건 정체되거나 자기 만족에 빠지는 것과도 무관하다. 삶의 과정이 충분히 좋은 이유는, 내가 창조적인 방식으로 살아가기 때문이다. 현재의 삶이 그 자체로 충분하다는 것은, 삶이 미완의 성격을 지닌다는 사실과도 모순되지 않는다. 성장하고 창조하는 존재로서 인간은 언제나 미완성이며 끊임없이 만들어지고 있는 중이다. 사실 삶의 의미를 사는 인생을 통해, 나는 미완성이라는 삶의 특징을 어느 때보다 잘 이해하게 된다.

우리 자신이 근본적으로 부정당했다고 느끼는 몇 가지 사례는 삶의 과정이 충분치 않음을 보여준다. 하지만 이를 반면교사 삼아, 삶의 과정이 충분하다는 건 무엇인지 이해할 수 있을 것이다. 우리가 우리의 고유한 능력을 사용하지 못할 때(작가가 글쓰기를 금지당하거나 간호사가 간호를 못하게 될 때) 삶은 충분하지 않게 느껴진다. 그럴 때 우리는 스스로 쓸모 있다고 느끼지 못한다. 삶에 의미 있게 참여할 수 없기 때문에, 마치 삶이 우리를 지나쳐 가는 것처럼 삶과 동떨어진 느낌을 받는다. 늘 서둘러야 하고, 어떤 것과 교감하는 데 더 많은 시간이 주어져야 한다고 느낄 때, 우리는 이런 결핍을 느낀다. 삶의 빠른 속도는 우리가 완전한 경험

속에서 충분히 그 경험을 의미 있게 소화하는 걸 가로막는다.

또한 우리가 기본적으로 허세를 부리거나, 있는 그대로가 아닌 다른 모습으로 스스로를 내보이고자 할 때, 삶의 과정은 그 자체로 충분하다고 느껴지지 않는다. 현재의 자신으로는 결코 만족스럽지 않기 때문이다. 현재의 자신보다는, 스스로가 생각하는 미래의 자신으로 보이길 바라는 것이다. 또한 우리 삶의 의미를 살지 못하고 늘 다른 것을 좇을 때, 당나귀 코 앞에 매달아 놓은 당근처럼 잡힐 듯 잡히지 않는 무언가가 있을 때, 그리고 현재가 그저 걸리적거리는 필요악일 뿐이라고 느낄 때, 당연히 현재의 삶은 충분하지 않다고 느껴진다.

그러나 내 삶의 의미를 살 때 현재의 삶은 그것으로 충분하다. 그럴 때 나는 마치 삶이 현재를 넘어선 바깥 어딘가에 있기라도 하듯 그런 삶을 찾아 헤매야 할 필요를 느끼지 않는다. 현재의 삶이 충분할 때, 나는 스스로를 충분한 존재로 느낀다.

우리는 제자리에 존재할 때 밀도 있는 경험을 한다. 탐구할 것이 더 이상 없거나, 새로움이 부족하거나, 더 이상 성장하지 않을 때, 만연한 지루함의 바탕을 이루는 결핍을 느낄 때와는 정반대의 경험이다. 이 밀도는 고갈되지 않는 돌봄의 특징에서 드러난다. 돌봄은 정해진 양이 있어서 언젠가 바닥나는 것이 아니라, 쓰면 쓸수록 채워지고 발전하는 것이기 때문이다.

이 풍부함은 우리의 적절한 상대들이 우리의 돌봄을 통해 성장하는 과정에서도 나타난다. 존재하는 것은 깊이에 제한이 없다. 이는 흥미로운 주제를 파고들 때와도 비슷하다. 깊이 들어갈수록 자료는 더 빈약해지는 게 아니라 더 풍부해지기 마련이다. 삶의 과정이 충분하다고 느껴질 때, 그 끝 모를 깊이는 우리의 경험을 다채롭게 만든다.

이해 가능성과 이해 불가능성

내 삶의 의미를 살 때, 삶은 이해 가능한 것들로 충만해진다. 그 이해는 과학적인 설명이나 예측하고 통제하는 능력이 현상을 이해할 수 있게 한다는 의미가 아니다. 우리에게 익숙한 것들을 안다는 의미의 이해와도 다르다. 그것은 추상적인 차원이 아니라, 무엇이 내 삶과 관계가 있고, 내가 무엇을 위해 살아가고 있으며, 실제로 매일의 삶에서 내가 누구인지, 무엇을 하려는지를 이해하는 것이다.

이에 반해 지속적으로 삶의 의미를 탐색하면서 무엇이 자신의 성장에 적합한지 또는 적합할 것인지 혼란스러워 하며 자신이 누구인지 확신하지 못하는 사람은 이 세계가 이해되지 않는다. 마찬가지로 목적의식 없이 표류하는 사람, 또는 외부로부터 강요된 지침에 따라 낯설기만 한 삶을 사는 사람에게도 세계는 이해 가능하지 않다.

내가 말하고자 하는 이해 가능성은, 내가 소속되어 있다는 느낌, 그리고 무언가 또는 누군가가 특별히 나를 필요로 한다는 느낌과 맞물려 있다. 그 느낌은 어디에도 잘 들어맞지 않는 이질감이나 제자리를 찾기 위해 끊임없이 때로는 필사적으로 노력할 때의 불안과는 대조된다.

이해 가능성은 나 자신에게 이해되고 보살핌을 받는 느낌과 결부된다. 그 반대쪽 끝에 이해 불가능성이 있다. 내가 자신과 단절될 때, 자신의 우선적인 요구에 응답하지 못할 때, 그리고 나의 과거로부터 깊이 있게 배우지 못할 때, 나는 이해 불가함을 느낀다.

그러한 이해 가능성은 한번에 완성되는 것이 아니라, 나의 적절한 상대들을 돌보면서 함께 일어나는 지속적인 작용이다. 따라서 내 세계를 이해 가능한 것으로 만드는 데 나는 능동적인 역할을 한다. 이는 단지 내가 누구이고, 무엇을 하려 하는가를 이해하고 있다는 데 그치지 않는다. 내 삶에서 돌봄이 차지하는 중심 역할을 더욱 깊이 이해할수록 그것이 인간 조건의 중심에 놓여 있음을 더욱 깊이 깨닫는다.

돌보고 돌봄을 받으면서, 다시 말해 상대들의 성장과 자기 실현을 책임짐으로써 나의 세계는 내게 이해 가능한 것이 된다. 이해 가능하다는 의미가 세계에 편안히 존재함을 나타내는 것이라 할 때, 궁극적으로 우리는 상황을 지배하거나 설명하거나 평가하는 게 아니라 돌보고 돌봄을 받는 과정을 통해서 편안히 존재할 수 있게 된다.

이러한 이해 가능성은 세계에 대한 경이로움을 축소하거나 없애지 않는다. 오히려 나 자신과 세계를 향해 나를 더욱 활짝 열어줌으로써 경이로움에 더 잘 감응하게 한다. 내가 말하는 '경이로움'은 답을 알아내야 하는 수수께끼나 난제 같은 것이 아니라, 밤중에 별을 쳐다보면서 감탄하듯 음미해야 하는 어떤 것이다. 때로 우리는 경이로움을 느끼는 수준으로 경험해야만 어떤 대상을 진실로 이해할 수 있다고 느끼기도 한다. 한 사람이 성장하고 창조적으로 살아갈 때, 경이로움은 자연스레 그의 삶에 깃든다. 하지만 그의 성장이 심각하게 가로막히면, 그는 삶과 단절되고 그에게 경이로움은 거의 찾아오지 않는다.

이와 마찬가지로, 이해 가능성은 존재의 이해 불가능한 특징을 무시하지 않으며, 오히려 그것을 더욱 잘 인식하게 한다. 존재의 이해 불가능한 특징은, 해결해야 할 무지함이 아니다. 더 많이 알거나 어떤 특정한 지식을 획득함으로써 극복해야 하는 과제가 아니라, 경이로움과 마찬가지로 경험하고 인식하고 음미해야 할 무언가이다. 내가 말하고 있는 것은, 단순히 존재와 소멸의 신비로움이나, 내가 처음에 여기에 없었고 마지막에도 없을 것이라는 생소한 인식에 관한 것이 아니다. 오히려 나는 존재 자체의 신비로움, 즉 '무엇이든 존재한다'는 그 신비로움과 경이로움에 관해 말하고 있는 것이다.

이해 불가능성에 관한 이러한 인식은 두려워서 도망쳐야 할 게 아니라 깊이 깨달아야 할 어떤 것이다. 불가사의한 경험과는 달리, 그것은 나를 다른 사람들과 분리시키지 않는다. 우리의 능력이나 한계가 무엇이든, 우리가 가진 것과 못 가진 것이 무엇이든, 우리는 모두 한 배에 탄 사람들이라는 사실을 더욱 뚜렷이 인식하게 함으로써, 나를 다른 사람들과 더 가까워지게 만든다.

이는 차이를 제거하는 평준화가 아니라 오히려

상대들의 고유함과 나 자신의 고유함에 대한 더 큰 이해로 나아가게 한다. 나는 마치 끝 모를 어둠을 잠깐 비추는 불꽃처럼 나 자신이 미미하다는 것을 더욱 깊이 깨닫는다. 또한 견줄 데 없는 나의 가치, 단 한 번뿐이고 결코 반복되지 않는 일생과 얽혀 있는 소중함을 더욱 잘 인식한다.

앞에서 살펴본 것처럼 삶에서의 단순화는 제자리에 존재함으로써 이루어지며, 그럴 때 삶의 얄팍함이 아니라 성장과 의미를 향해 나아가게 한다. 돌봄과 양립할 수 없거나 무관한 많은 것들을 없애버림으로써 내게 중요한 것이 더욱 또렷하게 드러나고, 내가 누구이며 무엇을 하려 하는지 더욱 잘 인식할 수 있다. 또한 잡다한 것들을 없앰으로써, 나는 삶의 이해 불가능한 특징을 더욱 쉽게 인식할 수 있다. 소음이나 잡동사니를 없애면, 나 자신 그리고 나를 둘러싼 고요함을 더욱 잘 알아챌 수 있는 것과 마찬가지이다. 이런 의미에서, 존재의 이해 불가능한 특징을 더욱 잘 인식하는 것은, 제자리에 존재하기에 대한 이해와 맞물린다고 말할 수 있다.

자율

자율은 내 삶의 의미를 사는 것과 거의 동일시될 수 있다. 사회적이고 물리적인 조건들에 의해 설정된 넓은 범위 안에서, 나는 나만의 길을 가기 때문이다. 이질적인 삶, 나 자신의 것이라고 느껴지지 않는 삶, 내 경험에 뿌리내리고 있지 않은 가치에 따라 살아가는 삶, 성장하고 싶고 스스로를 실현하고 싶은 자신의 욕구에 무관심한 삶에는 자율이 없다.

물론 '나 자신의 삶'이라고 해서 삶이 내가 원하는 어떤 식으로든 이용하고 조종할 수 있는 소유물이라는 뜻은 아니다. 내가 스스로를 소유물처럼 취급하면, 나는 자신으로부터 소외되고 삶은 내게 이질적인 것이 된다.

'나 자신의 삶'을 살기 위해서는, 돌봄과 그에 따른 책임을 받아들임으로써 삶을 나의 것으로 만들어야 한다. 내가 이상에 따라 행동하고 그것을 실현하기 위해 노력해야만 그 이상이 나의 것이 되는 것과 마찬가지이다. 나는 처음부터 자율적인 존재가 아니므로, 의미 있는 우정이 성숙하고 성장해가듯이 자율을 성취해가야 한다.

자율은 내가 관계에 초연하고 강한 유대감을 느끼지 않는다는 뜻이 아니다. 이 경우에 애착이나 강한 유대는 필연적으로 나를 속박하고 노예로 만든다는 걸 암시한다. 거듭 말하지만, 자율은 자기 안에 갇히거나 반대로 '새처럼 자유롭다'는 걸 뜻하는 게 아니다. 오히려 내가 자율적일 수 있는 이유는 타인들을 돌보는 나의 헌신과 그들에 대한 나의 의존 덕분이다.

이때 의존은 나와 나의 상대들을 모두 해방시키는 종류의 의존이다. 예를 들어, 피상적인 관계가 의미 있는 우정으로 무르익을 때, 또는 내가 어떤 흥미로운 일에 완전히 몰두해 있을 때, 내 능력은 자유롭게 펼쳐진다. 교사는 학생들에 대한 깊은 헌신 없이는 온전한 자기 자신이 될 수 없다. 음악가는 자신의 음악에 깊이 몰두하지 않으면 음악가 자신이 될 수 없다.

한 사람이 자기 자신이 되려면, 상대를 향한 그러한 헌신이 필수적이다. 특정한 대상에 대한 의존 덕분에 나는 내 삶의 의미를 살 수 있게 되고, 나 자신의 삶을 살 수 있게 된다.

자율은 또한 상대가 내게 의존한다는 뜻이기도 하다. 사실, 나의 적절한 상대가 나를 필요로 하기 때문에 자율이 가능해진다. 화가의 자유는, 작품에 대한 그의 욕구와 작품을 향한 몰두 그리고 그의 작품이 화가라는 존재를 필요로 하는 데서 비롯된다. 내가 자율적인 이유는, 나의 적절한 상대의 성장을 도우면서 나 또한 성장하기 때문이다.

자율은 나 자신의 실현에 관한 문제가 아니다. 이를 상대의 실현과 동떨어진 것으로 여기면 안 된다. 때로 사람들은 "누구든 나를 필요로 한다면!"이라고 한탄한다. 이 말 속에는 그들을 필요로 하는 대상이 없기 때문에 그들이 자유롭지 않다는 암시가 들어 있다. 만약 그들을 필요로 하는 대상, 그들이 헌신할 대상이 생긴다면 그들은 자유로워질 것이다.

자율은 내가 하고 싶은 걸 마음대로 한다는 의미가

아니다. 나의 적절한 상대를 돌보면서 나는 제멋대로 행동하지 않는다. 내가 어떻게 할지는 상대가 자신의 성장과 자기 실현을 위해 내게 하는 요구와, 성장하고자 하는 나 자신의 요구에 의해 결정된다.

이처럼 나의 방향성이 상대의 성장에 의해 좌우된다 해도, 나는 스스로 내 행위의 주도자이고 나 자신의 삶을 책임진다고 느낀다. 단순히 외부의 지침에 따르거나 조종당한다고 느끼지 않는다. 방향성은 미리 정해져 있거나 외부로부터 강요되는 것이 아니라 나의 삶 안에서 피어난다. 자율은 독단적인 행동(내가 하고 싶은 대로 하는 것)이나 근본적으로 내가 아닌 외부에 의해 행동을 통제당하는 것과는 완전히 반대편에 있다.

내가 제자리에 있을 때 현재는 자유로워진다. 현재는 내가 소중히 여기며 헌신하고 있는 것들을 품고 있으며, 비옥한 그 토양에서 많은 것을 길러낸다. 과거와 현재는, 이미 정해져 있거나 나를 위해 짜여 있는 것이 아니라, 가능성을 품은 미지의 차원이다. 과거가 어떠했고 어떤 것일 수 있었는지 반추함으로써 현재에 대한 나의 인식이 깊어진다. 미래를 내다볼 때 내 앞에는 풍부한 가능성이 펼쳐지고, 나는 그 가능성에 부응하여 행동하게 된다. 내 고유한 능력을 자유로이 펼침으로써 현재는 더 깊어지고 넓어진다. 내 외부에 존재하는 상대들의 성장과 안녕과 합일을 이룸으로써 나의 자아가 확장된다.

이에 반해, 삶 전반에 걸쳐 만연한 따분함이 하나의 태도처럼 자리 잡았다고 생각해보자. 만연한 지루함 속에서, 현재는 아무것도 자라나지 않고 아무것도 소중한 것이 없는 사막과 같다. 나는 어떤 것에도 생기를 불어넣을 수 없고, 상대들도 내게 생기를 불어넣지 못한다. 과거나 미래를 기웃거리는 건 현재의 공허함과 무익함을 심화하고 고착시킬 뿐이다. 나를 둘러싸고 있는 것들과 생동하는 교감을 나누지 못하기 때문에, 내 자아는 축소된다.

그런 삶에는 목표가 별로 없으며, 내가 무언가를 위해 헌신하도록 자극하는 것이 전혀 없다. 달리 표현하면, 내가 헌신할 가치가 있다고 느껴지는 것이 전혀 없다. 모든 것이 피상적이며, 활력 넘치는 삶을 향해 나를 활짝 열어 줄 탐구 대상이 전혀 없다. 삶의 전망이 줄어든다. 무슨 일이 생기든, 무얼 하든, 똑같이 지루하고 단조로운 삶이 이어질 것이다. 내 고유한 능력들은 기량을 펼치지 못할 테고, 나 또한 자유롭지 못할 것이다. 그러나 제자리에 존재함으로써 나는 자유로운 현재를 살기에 자율적인 태도를 지니게 된다.

자율은 자기 이해를 전제로 하므로, 결국 그러한 이해가 없다면 나는 스스로의 길을 가로막아 같은 곳을 빙빙 돌게 될 것이다. 제자리에 있음으로써 나는 몇 가지 중요한 방식으로 스스로를 이해한다.

첫째, 내가 실제로 나 자신을 돌보는 데 반드시 필요한 이해가 있다. 내가 누구인지, 무엇을 위해 노력하고 있는지, 내 욕구는 무엇인지, 그리고 이 욕구를 충족시키기 위해 무엇이 필요한지를 이해하는 것이다. 결코 단 한 번으로 자신에 대한 이해가 끝날 수는 없다. 돌봄 자체가 그렇듯이, 자기 이해 또한 끊임없이 계속 이루어져야 하는 것이기 때문이다. 그리고 돌봄과 마찬가지로 자기 이해도 일정한 범위 안에서 더 많거나 더 적은, 정도의 차이가 있을 수 있다.

둘째, 제자리에 있을 때 발견되는 더욱 포괄적인 자기 이해가 있다. 내가 무엇에 이바지해야 하는지, 내게 요구되는 것이 무엇인지, 나를 보완하는 것이 무엇인지에 대한 이해가 여기에 포함된다. 그 삶을 살면서, 나에게 적절한 상대들을 보살피면서, 나의 이해가 드러난다. 그리고 이 또한 지속적인 과정이며 단 한 번으로 영구히 성취되지 않는다. 이런 포괄적인 의미에서 자기 이해는, 내 삶의 의미를 발견하고 그 의미를 사는 것이다.

제자리에 있을 때, 나는 삶에 깊이 몰입한다. 그리고 그와 동시에, 우리 사회에 널리 퍼져 있는 성장을 가로막는 삶의 방식들, 이를테면 삶을 경주처럼 바라보는 데서 벗어난다. 타인과 나를 비교하며 상대가 내 앞에 있는지 뒤에 있는지, 거리가 좁혀지지는 않는지, 또는 그들에게 추월당하고 있지 않은지에 집착하지 않는다. 내가 그 경주에 참여하지 않기 때문에 그 경주에 필연적으로 따라붙는 굴욕감과 복수심에도 사로잡히지 않는다.

또한 나는 삶을 시장으로 만들어버리는 것에서도 벗어난다. 그럼으로써 나 자신과 타인을 상품으로 바라보며 자신을 잘 포장해서 팔려고 애쓰지 않게 된다. 남의 견해를 기초로 내 정체성을 찾으려는 데서 비롯되는 무력감도 경험하지 않는다. 대신 나 자신의 능력을 충분히 사용함으로써 내 정체성에 대한 의식을 얻을 수 있다.

또한 삶을 단지 분절적 사건들의 연속으로 경험하는 불연속성과 혼돈으로부터도 자유롭다. 삶이 서로 무관한 파편들의 집합으로 느껴지면, 성장하고 성숙해 가는 과정이나 무언가를 해결하거나 극복한 것에 대한 이해와 감사를 품기 쉽지 않다.

믿음

믿음Faith은 좁은 의미와 넓은 의미 모두에서 우리가 제자리에 존재할 때 나타난다. 좁은 의미에서, 믿음은 내 삶의 의미를 살아가는 하나의 구성 요소이다. 우리가 누군가 또는 무언가를 믿는다고 말할 때에 해당된다. 예를 들어 나는 상대를 보살피고자 하는 자신의 욕구에 응답하는 것을 포함해 스스로를 보살피는 내 능력을 믿는다.

더 일반적으로 말하면, 나는 경험으로부터 배우는 나의 능력을 믿는다. 식물이 햇빛에 끌리듯, 경험 속에서 삶을 발전시키고 성장에 이끌리는 나의 능력을 신뢰한다. 그러한 믿음은, 자기 배반이 일어날지 모른다는 두려움을 일소한다. 자기 배반이란 집단의 승인과 보호를 얻기 위해 비굴하게 순응함으로써 자신과 상대의 성장 욕구에 무관심해지는 것이다.

나 자신에 대한 믿음은 맹목적이지도 비합리적이지도 않다. 그것은 타인을 돌보고 타인에게 돌봄을 받아 온 내 경험에 의해 보증된다. 마찬가지로 다른 이가 나의 성장에 관심을 쏟고 있다는(나 자신이 되고자 하는 나의 욕구를 그가 배반하지 않을 거라는) 나의 믿음 역시, 그의 돌봄을 받은 내 경험에 의해 보증된다.

또한 더 넓은 의미에서 믿음은 제자리에 존재하는 그 자체라고 할 수 있다. 이 믿음은 나의 전체적인 지향성을 나타낸다. 그것은 세계 속으로 들어가 제자리를 잡고서 헌신하며 나 자신을 드러내는 것이다. 누구나 자기가 하는 말이나 행동 속에 그 사람이 존재하기 마련이듯 나는 내 삶 속에 존재한다.

이 넓은 의미에서의 믿음과 믿음의 결핍은 어떤 차이가 있을까. 그것은 자신의 삶에 책임을 지는 사람과 이 책임을 회피하며 다른 사람이 책임져주기를 바라는 사람의 차이 같은 것이다.

존재 방식으로서의 믿음, 삶에 대한 근본적인 신뢰는 자아 실현과 상대를 돌보는 과정 속에서 미지의 세계로 나아갈 수 있다는 확신과 함께한다. 그것은 미지의 세계에 대한 두려움 때문에 스스로를 고립시키는 태도의 반대편에 있다. 삶을 회피하는 대신, 우리는 삶에 더욱 다가간다. 물론 그러한 믿음은, 특정한 사람이나 이상에 대한 우리의 경험에 근거한 믿음의 결핍을 배제하는 것은 아니다.

좁은 의미의 믿음이 어떤 것을 믿는다는 식으로 표현된다면, 넓은 의미의 믿음은 믿음 속에서 사는 삶이라고 표현할 수 있을 것이다. 그렇다면 누군가가 그의 적절한 상대를 보살필 때, 특정한 대상들이 성장하는 과정에서 그를 필요로 할 때, 우리는 그가 믿음 속에 존재하며 그럼으로써 세계에 뿌리를 내리고 있다고 말할 수 있다.

그러한 믿음은 삶에 더 깊숙이 들어감으로써 생겨난다. 그것은 우리 고유의 재능을 최대한 펼칠 때에만 찾아오는 확신과 안도감 같은 것이다. 믿음을 가진 사람에게 세계는 이해할 수 있는 것이지만, 그 이해 가능성은 존재의 이해 불가능한 특징에 대한 더욱 예리한 인식과 함께한다.

감사

감사는 제자리에 존재하는 삶의 자연스런 표현이다. 나는 내 삶의 의미를 살아가고 있다는(나를 필요로 하는 적절한 상대들이 있고, 그들을 보살필 수 있다는) 사실에 감사한다. 그리고 더 나아가 삶 그 자체에 감사한다. 나는 나 자신을 내어줄 기회와 역량이 있음에 감사한다. 무언가를 주기 때문에 받을 수도 있지만, 물론 그렇다고 해서 받기 위해 주는 건 아니다.

우리는 다른 이가 억지로 주었다고 생각되는 것에는 감사한 마음이 들지 않는다. '그건 당연히 내가 받을 거였어'라는 확신이 들 때도 그리 감사하지 않다. 또한 삶에 대한 어떤 요구가 충족되었기에 내가 내 삶의 의미를 살 수 있게 되는 것도 아니다. 만약 제자리를 찾은 것을 당연히 삶에 요구할 수 있는 어떤 것이라 여긴다면, 나는 감사함을 느낄 수 없을 것이다.

내가 받은 것이 반드시 내게 주어져야 할 것이 아니었고 내가 요구할 수 있는 것도 아니었음을 깨달을 때, 나는 자신이 거의 또는 전혀 통제할 수 없는 수많은 요인들에 얼마나 크게 의지하고 있는지를 실감하게 된다. 하지만 의존에 대한 그런 인식 때문에 무기력해지거나 부끄러워지지는 않는다. 오히려 자유로워지고 즐거워진다.

진정한 장인이 연장과 재료에 애정을 느끼듯, 나는 자신이 기대고 있는 것들에 가까워지는 느낌을 갖는다. 상대에게 의존하고 있음을 마지못해 인정하는 게 아니라, 내가 그들에게 진 빚과 우리의 끈끈한 유대를 인식하며 나는 기쁨을 느낀다. 그것은 의미 있는 나눔에서 비롯되는 기쁨 같은 것이다.

의존에 대한 그러한 인식은 내 삶의 의미를 사는 삶의 독립성과 맥이 닿아 있다. 타인을 '돕는 것'을 조종의 수단으로 삼는 사람은 도움받는 일 또한 속박으로 경험할 뿐이다. 그는 속박될까 두려워서 타인의 도움을 받아들일 수 없게 된다.

감사는 내가 받은 것에 고마움을 표현할 때에야 비로소

완성된다. 그렇다면 누구에게 어떻게 감사할 것인가. 제자리에 존재함에 대한 감사는 나를 둘러싼 사람들과 상황을 더욱 소중하게 느끼게 만들고, 나는 그들이 내게 바라는 것들에 더욱 잘 응답하게 된다.

더 나아가 감사는 적절한 상대들을 보살피도록 나를 격려한다. 돌봄은 내가 받은 것들에 대해 감사하는 방식으로 작동한다. 나는 적절한 상대들과 그들의 존재 조건을 더욱 잘 돌봄으로써 감사를 표한다. 그것은 어떤 면에서는 받은 선물을 잘 사용하는 것으로 고마움을 표현하는 것과 비슷하다.

어떤 사람이 삶을 사랑한다고, 또는 존중한다거나 경멸한다고 말할 수 있듯이, 나는 내가 받은 것에 대해 삶에 감사한다고 표현할 수 있다. 혹은 자연을 존재하는 모든 것의 원천으로 넓게 이해한다면, 자연에 감사한다고 표현할 수도 있을 것이다. 마치 제자리를 찾은 상태가 나를 돌보는 것처럼, 나는 그에 보답하고자 한다. 하지만 삶 일반에 감사할(돌볼) 수는 없다. 오로지 삶에서 이러저러한 개별적 사례를 돌보는 것으로만 삶에 감사할 수 있다.

* * *

사람은 자신의 자리를 찾음으로써 자기 자신을 발견하며, 자신이 돌보아야 하고 또 자신의 돌봄을 필요로 하는 적절한 상대들을 발견함으로써 제자리를 찾는다.

돌보고 돌봄을 받으면서, 사람은 스스로를 자연의 일부로 경험한다. 우리는 누군가가 성장하도록 또는 어떤 관념이 성장하도록 도울 때 그 사람이나 관념에 가장 가까워진다. 내 삶의 의미를 사는 것의 기반을 이루는 본질은, 이상하게도 삶의 끝 모를 깊이에 대한 더 큰 깨달음과 긴밀히 연결되어 있다. 마치 지극히 평범하고 전혀 특별하지 않아 보일 때 삶이 가장 비범한 것처럼.

삶이 이해 가능한 것들의 바탕 위에 있음을 우리가 발견한다고 해도, 결정적인 본질에는 존재의 이해 불가능한 특징이 물들어 있다. 그것은 마치 하나의 곡曲에 들어 있는 지속음•처럼 삶 전체에 스며 색을 입힌다.

• pedal point. 오르간의 페달에서 유래한 말로, 주로 저음부에서 하나의 음이 지속되는 동안 그 위에서 화음과 멜로디가 변화하는 음악 기법이다. 지속음과 변화하는 화음이 음악적 긴장감과 독특한 색채를 만들어낸다. _옮긴이 주

격려와 함께 유익한 비평을 건네준 네 명의 친구, 저스터스 부클러, 에드윈 A. 버트, 앨버트 호프스태터, 모어랜드 퍼킨스에게 감사를 전한다. 또한 연구지원금을 세 번 제공해 준 뉴욕주립대학교 연구재단에도 감사드린다. 특히 감사를 전하고 싶은 분들은, 저마다의 방식으로 내게 영향을 끼친 존 듀이, 에리히 프롬, 가브티엘 마르셀, 칼 R. 로저스이다. 1965년에 9월에 실렸던 내 논문 「돌봄에 대하여On Caring」의 일부를 사용하도록 허락해 준《계간 국제철학The International Philosophical Quarterly》에도 감사드린다.

이 책의 저자 밀턴 마이어로프는 미국의 철학자로, 1925년에 뉴욕에서 태어나 1979년에 자동차 사고로 세상을 떠났다. 그의 일생에 관한 정보는 아쉽게도 거의 알려져 있지 않다.

철학과 윤리학의 범주에 속하는 이 책은 밀턴 마이어로프가 남긴 유일한 저서이다. 뉴욕의 하퍼앤로 출판사Harper&Row Publishers에서 1971년에 처음 출간되어 특히 간호학과 윤리학 분야에 큰 영향을 미쳤고, 지금까지도 많은 독자들에게 깊은 울림을 주는 필독서로 꼽힌다.

'감사의 말'에도 밝혔듯이, 밀턴 마이어로프는 이 책의 출간보다 훨씬 앞선 때인 1965년 9월판 《계간 국제철학》에 동일한 제목의 소론을 실었다. 그는 당시 뉴욕주립대학교 코틀랜드 캠퍼스의 철학 교수였다. 《계간 국제철학》은 기초적인 철학 개념들에 관해 국제적으로 교류하기 위해 1961년에 창간된 전문 학술지로, 뉴욕시의 예수회 연구 중심 대학인 포덤대학교 학자들이 편집했다.

이 책의 본문에서도 여러 번 밝혔듯이, 밀턴 마이어로프는 이 '돌봄'이란 개념을 오랫동안 돌보아 왔음이 분명하다. 그리고 그가 발전시킨 돌봄의 의미 그대로, 저자 자신과 돌봄의 개념은 함께 성장한 것으로 보인다. 우리에게 '돌봄'은 매우 익숙한 개념이지만, 밀턴 마이어로프가 발전시켜 온 '돌봄'의 의미는 우리가 알고 있는 개념보다 훨씬 크고 포괄적이다. 어쩌면 질적으로 매우 다르다고 할 수 있다.

우리는 이미 돌봄 노동 또는 돌봄 서비스라는 낱말에 익숙해져 있다. 노쇠, 장애, 질병, 영유아 등의 이유로 독립적으로 일상생활 영위가 어려운 사람에게 필요한 도움을 주는 노동이나 서비스로서 돌봄을 이해하는 것이다. 이 경우, 우리는 돌봄의 대상을 사람으로 한정하고, 그 관계를 일방적이거나 시혜적이거나 계약 관계로 생각하기 쉽다. 또한 그것은 삶 자체라기보다는 삶의 수단으로 이해되고, 일정한 기한이 있는 것으로 여겨진다.

그러나 밀턴 마이어로프의 돌봄은 이와 완전히 다르다. 우선 돌보는 대상이 사람으로만 한정되지 않는다. 창조적이고 예술적인 관념, 더 나아가 이상理想, 공동체 또한 내가 돌보는 상대가 될 수 있다. 내가 돌보는 상대가 사람이든 관념이든 이상이든 공동체든, 돌봄은 나와 상대 모두가 성장하는 관계이다. 이는 일방적인 관계가 아니라는 의미이다. 밀턴 마이어로프의 '돌봄'은 삶 자체이며, 삶의 여러 측면들을 정돈해주는 가치의 중심이다.

이 짧은 글은 그 밀도가 매우 높다. 누구든 쉽게 이해할 수 있는 글로 이루어져 있지만 그 의미를 깨닫고 그러한 돌봄의 삶을 일궈 가는 일은 결코 간단치 않아 보인다. 네 이웃을 네 자신과 같이 사랑하라(마가복음 12:31)는 예수의 가르침, 베풀지만 베푼다는 생각에 머물지 말라(무주상보시, 《금강경》)는 부처의 가르침을 이해하기는 어렵지 않더라도 실제로 그렇게 살기란 거의 불가능에 가까운 것처럼.

그러나 바로 이 지점에서 우리는 이 책을 깊이 음미할 필요가 있다. 단순한 수단이거나 벗어나고 싶은 고역이거나 단발성의 사건이 아닌, 삶 자체로서, 삶의 중심으로서 돌봄을 바라볼 수 있을 때, 어쩌면 우리는 어제와 똑같은 삶을 살더라도 어제와는 완전히 다른 삶을 살게 되지 않을까. 성인의 가르침 그대로, 내 이웃을 나 자신과 같이 사랑하고 베풀지만 베푼다는 생각에 머물지 않고 보시하는 사람만이, 자신의 삶의 의미를 온전히 살아갈 수 있는 것처럼.

이 책을 옮기는 동안, 고통스러웠던 나의 지난날이 내내 떠올랐다. 번역가로서 돌보았던 번역서 또는 원서들과, 엄마로서 돌보았던 딸 사이에서 균형을 잃지 않으려 동동거리던 모습이다. 번역에 시간과 에너지를 쏟을 때는 엄마로서 자책했고, 딸을 보살피는 일에 시간과 에너지를 쏟을 때는 번역가로서 자책했다. 지금은 그 모든 과정이 지금의 나를 만들었고, 그 과정에서 내가 성장했다는 것을 알고 있지만, 그때 이 책을 읽을 수 있었다면 그 돌봄들의 의미를 충분히 인식하고 그 하나하나의 순간들에 더욱 편안히 몰입할 수 있었을 거라는 생각이 들었다.

하지만 이제부터라도 그렇게 할 수 있을 것이다. 내 돌봄을 인식하고, 그에 따라 삶을 정돈하고, 내가 있어야 할 자리에 더욱 편안히 존재하고, 성장하며 깊어질 수 있을 것이다. 외국 독자들도 리뷰에서 한결같이 이 점을 말하고 있다. 한국 독자에게도 이 짧은 책이 그러한 이해와 변화의 길잡이가 될 것이라 믿어 의심치 않는다.

이수영(옮긴이)

돌봄의 철학

ON CARING

초판 1쇄 인쇄 2026년 1월 20일
초판 1쇄 발행 2026년 1월 26일

글쓴이 | 밀턴 마이어로프
옮긴이 | 이수영
펴낸이 | 현병호
편집 | 장희숙
디자인 | 이선희
펴낸곳 | 도서출판 민들레
출판등록 | 1998년 8월 28일 제10-1632호
주소 | 서울 성북구 동소문로 47-15
전화 | 02-322-1603
홈페이지 | mindle.org

ISBN 979-11-91621-24-2 (03190)